나쁜 민주주의

Public Choice - A Primer
EAMONN BUTLER

First published by the Institute of Economic Affairs,
London, March 2012

공공선택학 최신 입문서

나쁜 민주주의

정치인 · 관료들은 왜 사익만 추구하는가?

2012년 12월 10일 초판 인쇄
2012년 12월 15일 초판 발행

지은이 | 이몬 버틀러(Eamonn Butler)
옮긴이 | 이성규 · 김행범
펴낸이 | 이찬규
펴낸곳 | 북코리아
등록번호 | 제03-01240호
주소 | 462-807 경기도 성남시 중원구 상대원동 146-8
우림2차 A동 1007호
전화 | 02) 704-7840
팩스 | 02) 704-7848
이메일 | sunhaksa@korea.com
홈페이지 | www.bookorea.co.kr
ISBN | 978-89-6324-284-2 (03340)

값 12,000원

공공선택학 최신 입문서

나쁜 민주주의

정치인 · 관료들은 왜 사익만 추구하는가?

이몬 버틀러 지음
이성규 · 김행범 옮김

북코리아

일러두기

본 입문서에서 피력된 견해들은 저자 개인의 견해이며
IEA의 공식 견해가 아님을 유의하기 바람.

차 례

버틀러 박사가 한국 독자들에게 드리는 글 ········· 6
감사의 글 ········· 10
추천사 ········· 11
내용 요약 ········· 16

1장 공공선택'학'(또는 공공선택'경제학')이란? ········· 19
2장 공공선택학의 일대기 ········· 35
3장 누가 정부를 필요로 하는가?: 정부를 필요로 하는 사람들 ········· 53
4장 선거에서 어떻게 승리하는가? ········· 69
5장 소수자들에 의한 폭정 ········· 85
6장 투표 시장: 로그롤링 ········· 99
7장 정치적 이득: 지대추구 ········· 115
8장 정치인들의 봉급날 ········· 125
9장 관료들에 대한 동기 부여 ········· 135
10장 헌법의 역할 ········· 145
11장 공공선택학의 주요 성취와 쟁점들 ········· 157
12장 공공선택학의 현재 및 미래의 지평 ········· 167

부록 1: 공공선택학의 주요 발달사 ········· 179
부록 2: 공공선택학의 주요 용어 정리 ········· 183
부록 3: 공공선택학의 연구를 위한 주요 추천 도서 ········· 187

역자 후기 ········· 189

버틀러 박사가 한국 독자들에게 드리는 글

본서가 번역되어 대통령 선거를 앞둔 시점에 한국 독자들을 만나게 되어 무한한 영광으로 생각합니다. 그러나 다음 '한 가지 사실'만은 어떠한 언어로도 번역될 필요가 없는 것 같습니다. 그것은 바로 "모든 국가의 정치인들이 자국의 선량한 시민들을 실망시킨다"는 사실입니다. 아마 세계 도처의 사람들이 이 사실을 잘 알고 있을 것입니다.

정치인들이 선량한 시민들을 실망시키는 것은 그들이 '나쁜' 사람들이어서가 아닙니다. 실제로 어떤 국가들의 경우 뇌물수수와 부정이득의 가능성 때문에 똑똑한 사람들이 정치로 입문하는 경우도 있습니다. 다시 말하면, 똑똑한 사람들을 정치로 이끄는 것은 사회적으로 만연한 뇌물수수와 부정이득의 가능성이 존재하기 때문입니다. 그러나 대부분의 민주주의 국가들에서 사람들은 동료 시민들의 생활수준을 향상시키려는 '순수한' 의도로 정치에 입문入門하고자 할 것입니다. 문제는 그들의 본성이나 성격이 아니라 그들이 살고 있는 국가의 '정치제도political system가 어떻게 작동하느냐'에 있습니다. 이것이 바로 정치인들을 '나쁘게' 만드는 요인입니다. 또한 이것이 바로 정치인들이 일반 대중들의 이익에 반反하는 일들을 하게 만드는 요인입니다. 정치인들이 나쁜 근본적인 원인은 바로 정치제도에 있습니다. 본서는 바로 이점을 간단하게나마 독자들에게 설명하고자 합니다.

많은 국가들에서 선거는 '공익public interest이 무엇인지'를 규정하고 결정하기 위하여 실시되는 게 아닙니다. 선거는 주로 수많은 경쟁적인 이익들 간의 치열한 경쟁의 장場을 의미합니다. 선거에서 승리하는 집단들은 다음 선거가 있기 전까지 자신의 의견과 주장들이 그 사회를 지배하게 될 것입니다. 그러나 선거에서 진 소수자들minority의 의견은 어떻게 되는 건가요? 소수자들의 의견은 받아들여지지 않거나 묵살될 것입니다. 민주주의 사회에서 다수결 제도는 패배한 49%의 시민들을 착취하기 위하여 승리한 51%의 시민들에게 모든 권력을 부여하는 제도를 말합니다. 승자에게 주어지는 권력이 커질수록 착취는 더 심해질 것입니다. 따라서 정당들과 기업들, 그리고 압력 및 이익집단들은 이러한 제도를 교묘히 이용하는 데 더 많은 시간과 자금을 투여할 것입니다. 그 결과 사회적으로 이들의 이익들만이 보호되고 더욱 증가될 것입니다. 정치인들은 어떤 '좋은 일'을 하려면 반드시 투표의 과반수(다수결)를 획득해야만 한다는 사실을 잘 알고 있습니다. 그래서 정치인들은 일반 대중들을 대변代辯하기보다는 이익집단들에게 영합迎合하게 될 것입니다. 즉, 다수결 제도의 모순 때문에 정치인들은 일반 대중들의 이익을 보호하기보다는 오히려 이익집단들의 이익을 보호해 주게 될 것입니다. 또한 정치인들뿐만 아니라 '관료들'도 자신들의 이익인 사익私益을 가지고 있으며, 이로 인해 정부 규모가 더욱 더 커지게 됩니다. 정부 규모의 확대로 관료들의 월급은 더욱 인상되고, 그들의 역할은 더욱 더 커지고 또 중요해 질 것입니다. 관료들의 역할이 커지고 또 중요해 질수록 이들이 부패에 접할 기회도 또한 커질 것입니다.

그러므로 이러한 정치제도하에서 우리는 정치인들과 관료들(공무원들)이 나쁘게 행동하는 것을 보더라도 전혀 놀랄 필요가 없을 것입니다. 왜냐하면 비록 그들이 본성이 나쁜 사람들이 아닐지라도 민주주의의 여러 제도들이 그들이 나쁜 일을 하도록 유인하고 압력을 가하기 때문입니다. 우리는 민주주의 제도가 '할 수 있는 것'과 '할 수 없는 것'에 대해 현실적인 태도를 가질 필요가 있습니다. 또한 '다수결'이 그들이 좋아하는 것을 하도록 허용함으로서 발생하는 위험들에 대해서도 현실적으로 생각해 볼 필요가 있습니다. 따라서 우리는 '민주주의'에 대해 헌법적으로 제한을 가할 필요가 있습니다. 특히 소수자들에 대한 착취와 부패가 가장 많이 일어나는 부문들에서 '헌법적 통제'를 더욱 강화해야 할 것입니다.

본 입문서는 이러한 문제들에 대해 아주 쉽게 설명하고 있습니다. 나는 한국의 독자들이 이미 이러한 문제들을 잘 알고 있으리라 확신하고 있습니다. 또한 본서는 정치계급political class의 권력과 부패를 제한하고 방지하는 몇 가지 안전장치들safeguards을 제시하고 있습니다. 물론 그러한 개혁들은 쉽지 않을 것입니다. 그 이유는 왜 정치인들이 자발적으로 자신들의 권력을 포기하고, 그것을 국민들에게 되돌려 주겠습니까? 그러나 세계 각국에서 민주주의가 유지되고 번창하려면 그러한 개혁들은 반드시 필요하다고 생각합니다. 아무쪼록 본 입문서가 한국 독자들에게 많은 즐거움을 줄 수 있기를 희망하며 이 글을 마칩니다. 마지막으로 본 입문서를 번역해 준 이성규 교수와 김행범 교수께 심심한 감사를 드립니다.

2012년 11월 27일

이몬 버틀러Eamonn Butler

영국 애덤스미스연구소 소장

감사의 글

무엇보다도 본격적인 집필이 시작되기 전에 많은 조언과 정보들을 제공해준 매도우크로프트John Meadowcroft 교수와 롤리Charles K. Rowley 교수께 심심한 감사를 드린다. 또한 출판용 원고 초안을 읽고 유익한 논평을 많이 해준 피리에Madsen Pirie, 톰슨Sally Thompson, 모란Rachel Moran 씨께도 깊은 감사를 드린다.

추천사

수주 전에 영국 수상은 두 가지 주요 연설을 하면서 시장실패를 찾아내어 그것을 고치는 것이 '정부의 일'이라는 의견을 개진한 적이 있다. 수상의 정부에 대한 이러한 인식은 여러 가지 비판들에 직면할 수 있다. 오스트리아 학파의 주장에 따르면 '시장은 경쟁이 일어나는 하나의 과정'이며, 만약 완전경쟁이 존재하지 않으면 그것이 존재했을 때 초래되었을 결과를 알 수 없을 것이다. 따라서 정부는 '시장실패'market failure를 교정할 수 없다. 정부는 단지 정부가 만들어 놓은 경쟁적인 과정에 대한 여러 장벽들을 제거해줄 뿐이다. 시장실패가 외부성(또는 외부효과)으로부터 발생하는 것으로 인식되는 경우, 그러한 외부성이 사람들에게 미치는 가치가 얼마인지를 알아내기 위하여 시장이 필요하다고 주장할 수 있다. 정부는 외부성이 초래하는 이러한 가치를 쉽게 추측할 수 없다.

그러나 정부실패를 개념적으로 비판하는 데 사용될 수 있는 유용한 방법론은 아마 공공선택 학파Public Choice school로부터 찾을 수 있다. 무엇보다도 공공선택경제학Public Choice Economics은 우리들이 '시장'을 분석할 때 하는 가정들과 동일한 가정들을 '정치영역'에서의 인간 행위들을 분석할 때에도 그대로 사용할 것을 요구하고 있다. 예를 들면, 각종 독점행위들은 만약 이기적인(또는 사익을 추구하는) 소유자들이 자신들의 이윤을 극대화하지 않는다면 교과서에 발견되는 여러 문제들을 초래하지 않을 것이다. 이산화탄소를 배출하는 제품들도 만약 소비자들이 주어진 소득수준에 대해 자신들의 소비를 극대화하지 않는다면 그렇게 걱정할 문제는 아닐 것이다. 은행 파산도 만약 은행들이 자신들이 지게 되는 위험들을 증가시킴으로써 정부의 보증에 반응하지 않는다면 그렇게 걱정할 문제는 아닐 것이다. 다시 말하면, 사익私益추구 기능이 시장 내에서 잘 작동하지 않는다면 소위 '시장실패'는 영국 수상이나 다른 사람들이 인식하는 그런 유형의 문제들을 초래하지 않을 것이다.

그러나 만약 사익(또는 사익추구)이 시장 내에서 어떤 바람직하지 못한 결과(시장실패)를 초래하여 정치인들이 그것을 고치려 하는 경우가 있다면 과연 (시장실패를 교정하려는) 정치시장에 대해서 '시장에서와 동일한 사익추구 가정'을 적용해야 하는가? 이것이 사실이라면 이는 '정부개입의 적절성'에 대한 논쟁에서 확실히 하나의 '게임 변경자'game changer 역할을 할 것이다. 그러므로 우리는 더 이상 "정부가 자비롭고 전지전능하다"고 가정할 수 없다! 다시 말하면 "자비롭고 전지전능한 정부가 시장 결과를 개선시킬 수 있다"라고 가정할 수는 없다. 왜냐하면 정부의 많은 결정들이 정치인들, 투표자들, 관료들, 규제자나 조정자들의 '사익'self-interest에 의해 크게 영향을 받기 때문이다. 예를 들면, 여러분들은 어느 한 지역구에 있는 투표자들이 이웃 마을의 의료 서비스를 개선시켜주기 위하여 자기 마을에 있는 병원을 폐쇄해 달라고 시위하는 장면을 본 적이 있는가?

정치시장이나 시스템에서 작동하는 이러한 사익추구는 '정부실패'government failure를 초래할 수 있다. 정부실패는 어떤 면에서 '시장실패'보다 훨씬 더 심각할 수 있다. 그 이유는 다음과 같다. 우선, 정부는 시장과 달리 강제력을 행사할 수 있기 때문이다. 둘째, 정부는 직접적으로 경쟁 과정에 직면하지 않기 때문이다. 셋째, 대의代議민주주의 제도하에서 극소수의 사익들(즉, 이익집단들)이 다수자들에게 해로운 결정을 내리는 데 큰 영향을 미칠 수 있기 때문이다. 예를 들면, 영국 의회 내에서 스코틀랜드 지역 의원들(소수자들)과 히드로Heathrow 공항 주변에 지역구를 가진 의원들(소수자들)은 최근 몇 년간 엄청난 힘과 영향력을 행사해왔다. 왜냐하면 이들 의원들은 비록 소수이지만 영국 의회 내에서 다수결을 이끌어 내는 데 중추적인pivotal 역할을 했기 때문이다.

공공선택경제학은 나의 선배인 셀던Arthur Seldon 교수가 오래 전에 당시 '정치의 경제학'Economics of Politics이라는 이름으로 영국에 처음 도입한 이래로 커다란 발전을 해오고 있다. 오늘날 대학에서 '공공선택학'이라는 주제를 전문적으로 가르치는 학과들이 많이 생겨났고, 또한 전문적인 저널들도 여러 종류가 발간되고 있다. 뷰캐넌James Buchanan 교수와 털럭Gordon Tullock 교수를 비롯한 많은 교수들의 선구적이고 획기적인 저술들은 공공선택에 대한 일반 인식들과 여론을 바꾸는 데 매우 중요한 기여를 해왔다. 예를 들면, 영국의 인기 텔레비전 시리즈였던 〈예, 장관님!

예, 수상 각하!〉Yes, Minister and Yes, Prime Minister의 제작자들에게도 큰 영향을 미친 것으로 생각된다. 이러한 시점에 본 '경제문제연구소'IEA가 일반 대중들을 위하여 공공선택학의 최신 입문서를 출판하게 된 것은 매우 뜻있는 일이라 생각한다.

이몬 버틀러 소장의 탁월한 입문서는 학생들, 교사들, 교수들, 여론을 형성하는 사람(언론인)들에게 유익한 참고서가 될 것이다. 또한 정부 행위의 한계를 연구하고자 하는 겸손함을 가진 정치인들과 각종 규제자들에게도 매우 유용할 것이다. 본 입문서는 정치 시스템 내에서 사익의 적용이 정부 정책에 미치는 효과나 그 의미를 알아보는 데 유용할 것이다. 특히 본 입문서는 다음 두 가지를 논의하고 있다. 첫째, 정부 행위와 제약 간의 적절한 균형을 유지하기 위하여 정치 시스템이 어떻게 고안되어야 하는지를 논의하고 있다. 둘째, 본 입문서는 정부의 의사결정을 '집단행동이 요구되는 분야'에 어떻게 한정시킬 수 있는지를 검토하고 있다.

이러한 이슈들을 더 잘 이해함으로써 우리는 정부 및 정치 시스템이 어떻게 고안되어야 하는지를 인식할 수 있을 것이다. 이에 대해 더 많은 겸손함을 가지기 위해서는 이를 더 잘 이해하는 것이 중요하다. 예를 들면, 본 입문서에서 다루고 있는 논의들은 스코틀랜드 권한이양에 대한 논의뿐만 아니라, 스코틀랜드에 대한 조세이전에 대한 논의에도 적절할 것이다. 또한 유럽연합EU의 지배구조에 대한 논의에도 매우 적절할 것이다. 본 입문서는 정부 내에서 일어나는 여러 과정들의 본질에 대한 이해를 크게 증진시킬 것으로 여겨진다.

마지막으로 이몬 버틀러 소장의 공공선택학에 대한 본 입문서는 점점 더 복잡해지고 있는 주제를 일반 독자들에게 쉽게 설명하는 데 큰 기여를 할 것으로 기대된다. 이에 IEA Institute of Economic Affairs는 버틀러 소장의 책을 출판하게 된 것을 기쁘게 생각하는 바이다.

2012년 1월

필립 부스Philip Booth 씀

경제문제연구소(IEA) 편집 및 프로그램 실장
영국 카스경영대학(Cass Business School) 보험 및 위험관리학 교수

내용 요약

'공공선택학'Public Choice(또는 '공공선택경제학')이란 경제학의 분석방법을 정치 및 정부의 이론 및 실제에 적용하는 것을 말한다. 이러한 접근(연구)방법은 우리들에게 민주적 의사결정 과정의 본질에 대한 여러 중요한 통찰력들을 제시해주고 있다.

사익私益이 사람들의 사적인 상업적 선택을 유인(결정)하는 것과 마찬가지로 사익은 또한, 사람들의 공적(정치적) 결정에도 영향을 미친다. 사람들은 투표자, 로비집단, 정치인, 그리고 관료로서 자신들의 시간과 돈을 효율적 또는 경제적으로 사용하려economize 한다. 다시 말하면, 사람들은 최소의 노력으로 각자가 원하는 결과를 극대화하려 한다. 따라서 경제학의 잘 발달된 분석도구들 — 예를 들면, 이윤과 손실, 가격, 효율성 등 — 은 '정치학'을 분석하는 데에도 사용될 수 있다.

시장이 자원배분에 실패하는 어떤 영역이나 부문 — 예를 들면, 국방이나 공원 등 — 에서는 집단적 의사결정이 필요하다. 그러나 그러한 영역에서 시장이 재화와 서비스를 충분히 공급하지 못한다(즉, '시장실패')는 사실은 정부가 반드시 그 일들을 더 잘할 수 있다는 것을 의미하지 않는다. 따라서 '정부실패'government failure가 존재한다. 정치적 의사결정은 공평무사한 '공익'public interest을 추구하는 데 있는 것이 아니라 개인이익과 집단이익 간의 투쟁이나 경쟁을 일으킬 수 있다.

모든 사람들에게 적용되는 단 하나의 '공익'이란 아예 존재하지 않는다. 우리는 가치 다원주의value pluralism 시대에 살고 있다. 즉, 상이한 사람들은 상이한 가치와 상이한 이익을 가지고 있다. 불가피하게도 이러한 상이한 이익들 간의 경쟁은 필연적이다. 따라서 그러한 경쟁적인 이익들과 요구사항들이 '정치적 과정'을 통해 어떻게 해결되는지 연구해보는 것은 매우 중요할 것이다.

정당들이 추구하는 사익self-interest은 권력과 지위를 쟁취하는 데 필요한 표를 얻는 것에 있다. 이를 위해 정당들은 '중위 투표자'median voter를 따라가게 마련이다. 즉, 정당들은 자신들의 위치를 투표자들이 많이 모여 있는 중앙에 위치하려 한다. 또한 정부 관료들이나 공무원들도 그들 자신의 이익(즉, 사익)을 가지고 있다. 예를 들면, 정부 관료들이나 공무원들은 자신이 속해 있는 부서의 예산 극대화를 추구한다.

상이한 이익들 간의 이러한 투쟁과 경쟁에서 매우 응집된 이익을 가진 '소규모' 집단들은 널리 분산된 이익을 가진 '대규모 집단들'(예를 들면, 소비자들과 납세자들)보다 의사결정 과정에서 더 큰 영향력을 가질 수 있다. 또한, 이익집단들의 영향력은 투표자들이 후보자나 정책과 관련된 정치적 논쟁에 대해 '합리적으로 무지하려'rationally ignorant하기 때문에 더욱 증가될 수 있다. 왜냐하면 투표자들은 그들의 한 표가 선거 결과에 결정적인 영향력을 미치지 못할 것이며, 또 어떤 정책의 미래 효과가 불확실하다는 것을 알기 때문에 '합리적으로 무지하게' 된다. 그 결과, 투표자들은 투표장에 가지 않으려 할 것이다.

정치적 과정으로부터 얻을 수 있는 엄청난 이익이나 혜택 때문에 이익집단들은 '특권을 획득하기 위한 로비활동'(이를 '지대추구'(rent seeking) 활동이라 부름)에 많은 자금을 지출하려 하며, 이것은 이익집단들의 입장에서는 합리적인 행위이다.

이익집단들은 '로그롤링'logrolling을 통해 그들의 영향력을 더욱 증대시킬 수 있다. '로그롤링'이란 '이익집단들이나 의원들이 투표를 서로 교환함으로써 각자가 선호하는 법률안들을 상호 지지하기로 합의하는 것'을 말한다. 이러한 요인들 때문에 대의代議 민주주의 제도(예를 들면, 의회)하에서 '소규모' 이익집단들이 매우 강력한 힘과 영향력을 가지게 된다.

국민투표와 같은 투표제도들을 사용하는 '직접 민주주의'에서 일반적으로 채택되고 있는 '다수결 투표규칙'majority voting rule은 51%의 국민들이 나머지 49%의 시민들을 착취하도록 허용하고 있다. 옛날 농담에 따르면 "민주주의는 한 마리의 양과 두 마리의 늑대가 저녁으로 누구를 먹을 것인가를 결정하는 것"과 같다. 대의 민주주의 제도하에서 소수의 유권자들(즉, 소수자들)이 부당한 영향력을 행사할 수 있다.

'소수자들이 착취당하는 문제' 또는 '소수자들이 다수자들을 착취하는 문제' 때문에 많은 공공선택 이론가들은 '정치적 결정은 헌법이나 헌법 규칙들constitutional rules에 의해 제약될 필요가 있다'라고 주장하고 있다.

1장

공공선택'학'
(또는 공공선택'경제학')
이란?

왜 경제학을 사용하는가?

경제학을 정치학에 적용하는 이유

전통적 견해에 대한 공공선택학의 도전

공익(公益) 대 사익(私益):
공익(public interest)인가? 사익(private interest)인가?

투표의 계산

표를 얻기 위하여:
정당, 정치인, 관료들의 표 획득 노력

공공선택학의 영향력

공공선택'학'Public Choice(또는 Public Choice Economics)은 흔히 경제학의 한 학파로 언급된다. 그러나 사실상 공공선택'학'은 경제학의 연구방법이라기보다는 오히려 정치학political science에 대한 하나의 연구(접근)방법이다. 왜냐하면 공공선택'학'은 '경제가 어떻게 작동하는 지'를 설명하지 않고, 그 대신 정치와 정부가 어떻게 작동하는지 탐구하기 위하여 경제학의 방법들과 수단들을 사용하기 때문이다. 따라서 공공선택'학'은 '정치과정이 얼마나 효율적이고, 합법적인지'와 같은 여러 도전적인 질문들을 분석하는 하나의 연구방법이다. 그 결과 공공선택'학'은 정치와 정부에 대한 여러 놀라운 혜안들을 우리들에게 가져다준다.

왜 경제학을 사용하는가?

정치(또는 정치행위)와 정부(또는 정부행위)를 분석하기 위하여 경제학을 사용하는 것이 다소 이상하게 보인다. 대부분의 사람들에게 경제학은 '시장, 돈, 상업경제, 사적私的 이익 등이 전부'라고 생각할 것이다. 반면에 정부는 비금전적 방법과 비영리적인 수단을 통해 '모든 국민(시민)들을 이롭게 한다'고 가정되고 있다.

그러나 경제학은 시장과 돈만을 분석하는 것이 아니다. 경제학이라는 단어 그 자체는 그리스어인 이코노미아oikonomia로부터 유래되었다. '이코노미아'는 글자 그대로는 '가계의 경영'을 의미하며, 그 본래의 목적은 단순한 금전적 이윤보다는 '가계의 만족'에 있다. 가계의 만족, 즉 '행복'을 달성하기 위해 인간적 요인뿐만 아니라 금전적 요인 등을 비롯하여 많은 다른 요인들이 균형을 이루어야 한다.

매일 우리들은 서로 간에 비슷한 선택들을 한다. 예를 들어, 이웃 마을에 있는 작은 산이 아름다운 경치를 가지고 있는 경우 과연 우리들은 그 산에 오르기 위하여 수고할 만한 가치가 있는가? 또는 우리는 친한 친구의 생일에 줄 멋진 생일카드를 고르는 데 얼마의 시간을 보내야 하는가? 물론 이러한 일들은 돈과는 크게 상관이 없을 것이다. 그러나 이러한 일들 또한 넓은 의미에서 보면 여전히 경제적 결정들에 해당된다. 왜냐하면 이러한 결정들은 우선 우리의 목적을 달성하기 위하여 얼마의 시간과 노력을 기울여야 하는지를 견주어 보아야 하고, 다음으로 이들 이외의 다른 가능성들과 비교해서 최종적으로 선택(결정)을 내려야 하기 때문이다. 경제학은 실제로 "좀 더 가치 있는 다른 것을 하기 위하여 현재 가지고 있는 자원들(예를 들면, 우리의 시간이나 노력)을 어떻게 사용할 것인지를 선택하는 것"을 말한다. 따라서 경제학은 단순한 금전적 선택들financial choices만이 전부가 아니다.

경제학자들은 이러한 목적을 위하여 비록 단순하지만 매우 유용한 분석 수단들을 개발해왔다. 경제학자들이 주로 사용하는 분석 수단들에는 기회비용, 편익(혜택), 이윤, 손실 등과 같은 개념들이 포함되어 있다.

'기회비용'opportunity cost이란 우리들이 어떤 목적을 달성하기 위하여 '포기(희생)해야 하는 것'(예를 들면, 시간 또는 노력)에 대해 부여하는 가치를 말한다. '편익'benefit이란 우리들이 '얻는 것'(예를 들면, 멋진 생일카드나 아름다운 경치)에 대한 가치를 말한다. '이윤'profit이란 우리들이 '포기하는 것에 대해 부여하는 가치'와 '얻는 것에 대해 부여하는 가치' 사이의 차이를 말한다. 우리들이 귀중한 시간을 할애했음에도 불구하고 멋진 카드를 찾지 못했거나, 이웃산에 올랐으나 전망이 그다지 아름답지 않다면 이것은 우리들의 '손실'loss이 된다. 따라서 경제학자들은 "사람들이 선택을 할 때 '더 가치가 있다고 생각하는 것'과 '덜 가치가 있다고 생각하는 것'을 의식적으로 교환하려 한다"고 주장한다. 즉, 경제학자들에 따르면 사람들은 의식적으로 후자 대신에 전자를 선택한다. 다시 말하면, 사람들(우리들)은 합리적rational이고 이기적인self-interested(사익을 추구하는) 존재들이다.

경제학을 정치학에 적용하는 이유

공공선택학은 이러한 단순한 경제학적 개념들을 "집합적 결정들이 어떻게 이루어지는가?"의 연구에 적용하는 것을 말한다. 즉, 경제학의 주요 개념들을 헌법의 고안과 운영, 선거 메커니즘, 정당들, 이익집단들, 로비활동, 관료제도, 의회, 위원회, 정부기구들 등에 적용하는 것을 말한다. 집단적 결정, 또는 정치적 결정들은 다른 것과 마찬가지로 경제적 선택이다. 예를 들면, '새로운 도로를 건설하기 위하여 재산세를 올려야 하는가?'와 같은 정치적 또는 집단적 결정도 경제적 선택에 해당된다. 왜냐하면 정치적(집단적) 결정 또한 단순한 금전적 비용과 편익이 아니라 '비용들과 편익들 간의 선택'이기 때문이다. 그러나 일반적으로 말하면, 정치적(집단적) 결정은 정치과정에서 '포기해야 하는 것'과 '그로 인해 얻는 것' 간의 선택을 의미한다.

그러나 집단적 또는 정치적 결정에는 한 가지 특이한 성질이 있다. 어떤 사람들이 하나의 경제적 선택을 할 때 그들은 개인적으로 비용들(예를 들면, 시간 또는 노력)과 편익들(예를 들면, 좋은 경치나 멋진 생일카드)을 함께 경험하게 된다.• 즉, 경제적 선택에서는 혜택을 보는 사람들이 반드시 비용을 지불해야만 한다. 반면에 공공선택에서는 혜택을 보는 사람들(예를 들면, 도로 사용자들)이 항상 비용을 지불하는 사람들(예를 들면, 주택소유자들)은 아니다. 또한 시장에서는 어떤 한 거래의 양 당사자들이 거래(즉, 거래조건)에 대해 의견이 일치되어야 거래가 성사된다. 만약 구매자나 판매자가 거래조건에 조금이라도 만족하지 않으면 해당 거래를 하지 않을 수 있다. 반면에 정치시장에서는 소수자들은 다수자들이 결정한 것을 자신들이 싫다고 해서 그것을 받아들이지 않을 수 없다. 즉, 소수자들은 다수자들의 결정을 받아들이지 않을 수 없고, 집합적 선택이 요구하는 어떠한 희생도 받아들여야만 한다.

그러나 슬프게도 정치시장에서는 이기적인(또는 사익을 추구하는) 다수자들은 '투표'를 통해 공적인 혜택은 자신들이 가지고, 금전적 또는 다른 비용들은 다른 사람들에게 부담(전가)시킴으로써 소수자들을 철저하게 착취할 수 있다. 예를 들면, 도로 사용자들은 새로운 고속도로 건설을 간절히 원할 것이다. 그러나 고속도로 건설은 도로를 전혀 사용하지 않는 다른

• 물론 경제적 행위들에는 '외부'(external) 또는 '사회적'(social) 비용과 '외부' 또는 '사회적' 편익이 발생한다. 그러나 이러한 경향은 대부분의 거래가 발생시키는 '총' 비용과 '총' 편익에 비추어 볼 때 적은 비중을 차지하고 있다. 만약 외부 또는 사회적 비용과 외부 또는 사회적 편익이 크다면 정부가 종종 그러한 활동들에 개입하려 할 것이다. 그러나 정부 개입 또한 외부 비용과 외부 편익을 초래한다. 이점이 바로 공공선택경제학의 주요 주제이다.

사람들의 정원을 통과함으로써 그들에게 피해를 주거나, 또는 고속도로 건설로부터 어떠한 혜택도 얻지 못하는 다른 사람들의 세금을 올리게 될 것이다. 그러한 정부 결정들이 어떻게 이루어지는가를 연구하는 것이 왜 그렇게 중요한가? 그 대답은 "정부는 소수자들에게 다수자들의 결정을 따르도록 하기 위하여 '강제력'을 사용할 수 있다"는 사실에 있다. 강제력은 다수자들에게 적절하게 행사할 수 있는 권한을 제공해준다. 그러나 다수자들은 '투표'를 이용하여 자신들에게는 혜택을 주고, 그 비용은 다른 사람들에게 전가시킬 수 있다.

앞에서 설명했듯이 공공선택이론은 '정부 결정이 어떻게 이루어지는가?'(정치문제)를 탐구하기 위하여 '경제 이론'(경제학)을 사용한다. 그 결과 공공선택이론은 ① 그러한 과정을 이해하는 데 도움을 주고, ② 특정 집단들의 사익추구와 강요된 소수자들의 잠재적 착취 등과 같은 문제들을 파악하는 데 유용하고, ③ 그러한 단점들을 제한하고 해결하는 여러 방법들을 제시해준다. 이러한 중요한 역할을 인정하여 노벨재단에서는 1986년 미국의 경제학자인 제임스 뷰캐넌James M. Buchanan에게 '노벨 경제학상'을 수여하였다. 뷰캐넌 교수는 선거제도에서 소수자 착취의 본실, 정치인들과 관료들의 사익私益 추구, 이익집단의 영향력, 헌법적 제한의 역할* 등에 대한 연구 업적으로 노벨 경제학상을 수상하였다.

* '헌법적 제한'이란 이러한 요인들이 공공의 의사결정에 미치는 나쁜 영향들을 헌법적으로 제한하는 것을 말한다.

전통적 견해에 대한 공공선택학의 도전

제2차 세계대전 이후, '후생'welfare 경제학자들은 새로운 도로나 공항 건설과 같은 정책 제안들의 비용과 편익을 측정하고, '사회 후생'social welfare(사회 전체의 복지)이 올바른 선택에 의해 어떻게 증가되고 극대화되는지를 밝혀내려고 많은 애를 썼다. 후생 경제학자들에 따르면 이러한 일은 공적인(정치적) 의사결정 과정을 활성화할 뿐만 아니라 또 증진시킬 것이라고 믿었다.

그러나 이러한 접근방법이 사용하고 있는 핵심적인(그리고 묵시적) 가정은 "그러한 정책 결정들이 공익을 추구하는 공명정대한 관료들에 의해 논리적으로 그리고 합리적으로 결정된다"는 것이다. 이러한 가정의 결과 '관료들에 의한 정책 결정'은 사익과 사적 이윤 동기들에 의해 이루어지는 시장 선택보다 훨씬 더 우월하다고 인식되었다.

그러나 공공선택학은 이러한 가정을 산산이 부숴버렸다. 공공선택학은 "공공의 행동을 필요로 하는 몇몇 일들에 대해서는 집합적 결정이 필요하다"고 생각하였다. 그러나 공공선택학은 이러한 결정들을 내리는 과정이 후생 경제학자들의 이상적인 가정을 어떻게 충족시키지 못하는지를 생생하게 보여주었다. 공공선택연구자들의 지적에 따르면 "공적 결정public decisions을 내리는 사람들도 사실상 다른 사람들과 마찬가지로 사익을 추구한다"라고 주장한다. 결국, 공적 결정을 내리는 사람들도 똑같은 사람들이다. 이는 사람들이 정부에서 일하게 되면 갑자기 천사가 되지 않는다는 것을 의미한다. 그렇다고 해서 공공선택학은 정부 정책에 영향을 미치는 모든 행위들이 반드시 사적 이익을 추구한다라고는 주장하지 않는다. 또한 사람들이 재화 및 서비스 시장에서 행동할 때와 정부 결정들에 영향을 미칠 때 서로 다르게 행동한다고 가정해서는 안 될 것이다. 따라서 “사익私益이 사람들에게 동기를 부여한다”고 가정하는 것이 가장 현명한 방법이다. 즉, “사람들이 상업시장에 있든 정치시장에 있든 ‘사익’만이 그들을 움직이게 한다”는 것이다.

물론 사람들이 사익을 추구한다고 해서 ‘이기적’selfish이라는 것을 의미하지는 않는다. 사람들은 다른 사람들을 진심으로 배려하고 염려할 수 있고, 또 자신들의 이익만 추구하는 게 아니라 친구들이나 가족, 그리고 사회를 도우려 할지도 모른다. 그러나 요점은 사람들이 달성하고자 하는 것이 무엇이든지 (예를 들면, 개인의 부나 사회 화합 등) 그것을 증가시키기 위하여 신중하고 효과적으로 행동할 것이라고 가정하는 것이 현명하다. 경제학자들에 의하면 사람들은 합리적 극대추구자들rational maximizers이다. 즉, 사람들은 합리적으로 자신들의 목적을 극대화하려 한다.

공공선택학은 기존의 정통 경제학자들을 크게 놀라게 했다. 뷰캐넌과 그의 동료인 고든 털럭Gordon Tullock이 이러한 인간을 바라보는 ‘경제적’ 관점을 정부 기구들에 체계적으로 적용했을 때 큰 충격을 던져 주었다. 뷰캐넌과 털럭은 “의원들, 관료들, 투표자들 모두 ‘정치적 과정’을 사용하여 시장에 있을 때와 마찬가지로 그들의 사적 이익들을 증진시키려 한다”고 획기적인 주장을 내놓았다. 뷰캐넌과 털럭은 이보다 훨씬 더 놀라운 결론을 제시하였다. 즉, “정치적 결정들은 ‘공익’ public interest을 추구하기 위하여 효율적으로 그리고 냉정하게 이루어지기는커녕 결함이 많은 시장 과정에서보다 덜 효율적이고, 덜 합리적이고, 기득이익(이익집단)들의 영향력에 더 취약하다”고 주장하였다.

공익公益 대 사익私益: 공익public interest인가? 사익private interest인가?

공공선택이론은 "개인들의 동기motivations가 그들의 집단적인 의사결정의 결과에 어떻게 영향을 미치는가?"를 고찰하고 있다. 따라서 공공선택이론은 "정치가 공익public interest을 추구하는 하나의 과정"이라는 생각을 거부한다.•

우선, '공익'公益이란 무엇을 의미하는가? 어떤 대규모 집단에 속해 있는 어느 한 사람은 새로운 도로 건설을 원한지만 두 번째 사람은 이에 강력하게 반대하고 그 대신 조세 인하를 원하고, 세 번째 사람은 도로건설에 쓰일 돈을 국방에 지출되길 원하고, 네 번째 사람은 그 돈이 병원에 사용되길 원하고, 그리고 다섯 번째 사람은 그 돈이 복지와 교육에 반반씩 쓰이길 원한다고 가정해보자. 이 경우 각 사람들의 충돌하는 의견들을 모아서 '공익'을 나타내는 하나의 타당한 정책으로 전환시키는 것은 사실상 불가능하다. 우리는 '가치 다원주의'value pluralism 시대에 살고 있고, 경제적 결정들이 정부에 의해 이루어지는 한 사람들은 서로 다른 재화와 서비스를 다르게 평가한다. 그 결과, 필연적으로 서로 다른 사람들의 상이한 이익들은 충돌하기 마련이고, '공익'이 무엇인지에 대한 합의에 도달하기는 거의 불가능하다.

공익이 무엇인가는 '한 마리의 양과 두 마리의 늑대 문제'a sheep and two wolves problem와 같다. 옛날 농담이 말해주듯이 "민주주의는 한 마리의 양과 두 마리의 늑대가 저녁으로 누구를 먹을 것인가"를 결정하는 것과 같다. 이들의 완전히 모순되는 의견들을 수렴해서 '양과 늑대 사회'의 '사

• 역자 주: 원문에는 "정치가 공익(public interest)이 무엇인지를 발견하는 하나의 과정이라는 생각을 배격한다"라고 되어 있다.

회후생'social welfare으로 바꾸는 것은 불가능하다. 이에 대해 공공선택 연구자들은 후생 경제학자들이 혼란이 빠졌다고 주장한다. 왜냐하면 후생 경제학자들은 개인들만이 동기를 가지고 있다는 사실을 망각하고 있기 때문이다. (집단들은 동기를 가지고 있지 않다.) 즉, 개인들은 이익과 믿음, 그리고 가치를 가지고 있다. 그러나 어느 한 집단은 그 자신의 이익이나 믿음, 또는 가치를 가지고 있지 않다. 마찬가지로 개인들만이 선택을 한다. 예를 들면, 개인들은 선거에서 선택을 한다. 그러나 집단들은 그 자체로는 선택을 하지 못한다. 예를 들면, 어느 한 집단은 그 자체로는 투표소에 가지 못한다.

공공선택학에 따르면 투표행위와 입법행위는 개인들이 그들 자신의 (종종 상충되는) 이익들을 추구하는 과정들이다. 이 과정에서 개인들의 주위를 맴도는 객관적인 공공(사회)의 '공익'이 존재하지 않는다. 실제로 상이한 의사결정(투표) 제도들은 서로 다른 정책 선택들을 가져다 줄 것이다. 즉, 의사결정(투표) 제도들이 다르면 정책 선택들도 다를 것이다.

다음과 같이 몇 가지 투표제도들을 고려해보자. 첫째, '단순 다수결 투표제도'를 사용하는 직접민주주의하에서 — 예를 들면, 새로운 도로 건설에 대한 국민투표 — 다수자들은 소수자들을 지배할 수 있다. 만약 51%의 투표자들이 새로운 도로건설에 찬성한다면 나머지 49%의 투표자들이 반대하고 또, 아무리 강하게 반대할 지라도 새로운 도로건설 사업은 통과되고 실시될 것이다. 둘째, 만약 새로운 도로건설 사업이 '만장일치'로 결정된다면 어느 한 반대자가 그 도로건설안을 거부(반대)할 수 있다. 셋째, '2/3 다수결 투표규칙'하에서 도로건설을 찬성하는 사람들은 로비활동을 통해 반대자들과 타협하기 위하여 그들의 최초 계획안을 수정하려고 할 것이다. 다시 말하면, 각 투표제도들은 다른 결과를 초래한다. 따라서 우리는 어느 투표제도를 적용하더라도 객관적이고 명백한

'공익'을 찾았다고 주장할 수 없다. 각각의 투표제도는 사람들의 다양한 선호들을 다른 방식으로 나타내줄 뿐이다.

따라서 공공선택이론은 도깨비 불과 같이 사람들을 현혹시키는 '사회후생' 또는 '공익'을 설명하는 데에 그 목표가 있지 않다. 그 대신 공공선택이론은 상이한 정치제도하에서 나타나는 개인들 간의 상이한 동기들을 설명하고, 그로인해 초래되는 상이한 결과들을 개략적으로 설명함으로써 현실 세계에서의 정치 논쟁을 제대로 이해하는 데 도움을 주고자 한다.

투표의 계산

앞에서 설명한 공공선택이론의 하나의 결론은 "투표행위는 결과가 제일 좋은 경우에도 투표자들의 진정한 의견(선호)들을 반영하지 못할 수 있다"라는 것이었다. 공공선택 연구자들이 주장한 바에 따르면, 사람들은 종종 선거에서 '자신들의 진정한 의견(선호)에 따라 투표하는 것'이 아니라 전략적으로 투표하곤 한다. 예를 들면, 사람들은 그들이 가장 선호하는 의견이나 후보자가 당선될 가능성이 거의 없다고 판단하면 그들은 그들이 매우 혐오하는 다른 후보자를 낙선시키기 위하여 상대적으로 덜 싫어하는 후보자에게 투표하게 된다. 이러한 경우를 투표자들의 '전략적 투표'tactical voting라 부른다.

공공선택이론의 또 다른 결론은 "매우 끈끈한 사적 이익들을 공유하고 있는 '소규모 집단들' 내에서 투표자들은 그들의 투표수를 훨씬 능가하는 투표력voting power을 가지고 있다"라는 것이었다. 예를 들면, 새로운 도로건설로부터 혜택을 얻는 소수의 사람들은 자금을 조달하고, 그 사업을 강하게 지지하는 캠페인 활동을 벌일 직접적이고 강력한 유인(동기)을 가지고 있다. 반면에, 인구의 대다수를 이루고 있는 납세자들은 도로건설에 드는 비용이 아주 소액으로 그들 사이에 널리 분산될 것이라고 생각할 것이다. 그 결과, 비록 납세자들이 압도적인 대다수를 차지하고 있을지라도 도로건설 사업을 반대하는 활동을 벌이거나 반대 투표하기 위하여 단결하려는 유인을 거의 가지고 있지 않을 것이다. 따라서 납세자들의 반대는 주로 표현되지 않거나 무시되게 될 것이다.

또한 이익집단들도 동맹을 결성하여 '다수자 연합들'을 형성할 수 있다. 자신들의 지역에서 새로운 도로건설을 원하는 여러 다른 집단들은 단결하여 대규모 도로건설 찬성 운동을 결성할 수 있다. 왜냐하면 도로건설 찬성 운동이 성공하면 그들 모두에게 커다란 이익을 가져다주기 때문이다. 게다가 공직公職에 입후보하려는 후보자들(예를 들면, 국회의원이나 시장 등)도 끈끈하고 분명한 이익들을 가진 다른 집단들의 지지를 얻음으로써 선거에서 다수결을 만들어 낼 수 있다. 이 때문에 '소수자들'은 국회의원을 선출하는 대의민주주의 제도에서 매우 강력한 영향력을 행사할 수 있다. 따라서 다수자들이 직접 민주주의direct democracy를 지배하지만, '소수자들'은 '대의代議 민주주의'representative democracy를 지배한다.

표를 얻기 위하여:
정당, 정치인, 관료들의 표 획득 노력

공공선택학은 또한 정당들, 정치인들, 그리고 관료들의 동기'행동유인'에 대해서도 설명해준다. 첫째, 정당들은 그들 자신의 매우 확고한 목적 — 예를 들면, '당선' 또는 '선출' — 을 가지고 있다. 공공선택 이론가들의 주장에 따르면 정당들은 당선 가능성을 최대로 하기 위하여 중앙에 있는 대다수의 투표자들에게 호소하는 정책들을 채택한다는 점이다. 그 결과 정당들은 중앙을 기준으로 양쪽에 분포해 있는 투표자들로부터 지지를 얻을 수 있다. 그러나 정당들의 이러한 '중위투표자'median voter 확보 전략은 "정당들이 선거에서 중앙에 위치하려는 경향이 있음"을 의미한다. 이로 인해 중앙에 분포해 있지 않은 투표자들 — 특히 분포의 양 끝에 위치해 있는 투표자들 — 은 거의 대표되지 않게 된다

둘째, 정치인들도 일단 당선(선출)되기만 하면 의회에서 그들 자신의 정책들이 통과(채택)되도록 하기 위하여 투표거래vote trading(로그롤링)에 의존하게 된다. 정치인들은 다른 의원들이 자신이 선호하는 사업들에 대해 지지해주는 대가로 자신도 다른 의원들이 제안하는 법안들에 대해 지지해주기로 합의한다. 이는 "당신이 나의 제안(법안)에 찬성투표를 해준다면 나도 나중에 당신의 제안에 대해 찬성투표할 것입니다"라는 단순한 거래(정확히 말하면, 투표거래)와 같다. 그러나 이러한 투표거래 때문에 사람들이 실제로 원하는 것보다 더 많은 법안들이 의회에서 통과하게 되는 결과가 초래된다.

셋째, 정부의 팽창이 공무원(관료)들의 사익 추구에 의해서 증진된다. 즉, 공무원(관료)들의 사익 추구 동기 때문에 정부 성장이 증대될 수 있다. 많은 공공선택 연구자들에 따르면 공무원들은 자신이 일하는 부서가 '큰

규모, 많은 예산'을 가지기를 추구한다. 그 결과 공무원들은 자신이 근무하는 부서의 안정과 지위를 확보할 수 있게 된다. 왜냐하면 자신이 일하는 부서가 많은 예산을 가지고 규모가 커짐에 따라 부서의 안정과 확고한 지위를 누리게 되기 때문이다. 이것은 왜 공무원들이 그토록 자주 의원들을 설득해서 자신들이 집행하는 각종 규제들과 법들을 증가시키는지를 설명해주는 이유이다. 그러나 이 과정에서 사라지는 것은 일반 대중들의 목소리이다. 일반 대중들은 그러한 법안들이 실시되는 경우 그에 대한 비용을 부담해야 하거나, 해당 법안들이 통과되는 경우 피해를 보는 당사자들이다.

공공선택학의 영향력

'공공선택경제학'은 정치학에 강력한 영향을 미치고 있다. 공공선택경제학은 선거, 의회, 관료주의 등의 본질에 대해서뿐만 아니라 정치과정political process이 어떤 면에서 시장과정market process보다 더 나은(우월한) 지에 대해서 새로운 통찰력을 던져 주었다. 공공선택경제학이 제기하는 주요 이슈들과 이익집단들의 연합에 의한 소수자들의 착취 가능성은 공공선택 이론가들로 하여금 정부와 정치과정에 대한 '강한 헌법적 제약'을 옹호하도록 하는 요인이 되고 있다.

2장

공공선택학의 일대기

현대 공공선택학의 선구자들:
콩도르세, 보르다, 도지슨, 빅셀

현대 공공선택학의 사상가들: 블랙, 애로우, 다운즈

현대 공공선택학의 두 주역: 뷰캐넌과 털럭

공공선택학의 학파들과 노벨경제학상

이익집단의 영향력: 올슨과 라이커

관료주의와 규제: 니스카넨과 스티글러

최근의 재검토:
슘페터, 코플린, 니트젠, 클라크, 그로브즈

새로운 접근(연구)방법의 등장: 버논 스미스

지식인(학자)들은 오랫동안 '정부'를 크게 신뢰해왔다. 철학의 왕인 플라톤Plato(B.C. 427?~347?)의 견해를 비롯해서 오늘날까지 지식인들의 주요 관심사는 순전히 '옳은 사람들the right people을 어떻게 관직(공직)에 앉히느냐'와 또 그들이 '어떻게 옳은 일the right things을 하게 하느냐'에 집중되어 있었다. 또한 현대 초기에 많은 사회 사상가들은 "공무원들은 객관적이고 공정하며, 그래서 그들은 주로 자신들의 도덕적 책임moral responsibilities에 초점을 맞추고 행동할 것"이라 점을 당연시해왔다. 그러나 **니콜로 마키아벨리**Niccolo Machiavelli(1469~1527)가 쓴 《군주론》*The Prince*은 이러한 사고에 대한 하나의 '예외'였다. 아쉽게도 마키아벨리의 새로운 생각은 '현실 정부'real government의 불명예스러운 하나의 변형으로서 널리 치부되었다.

그러나 점차로 많은 사상가들은 정치제도 그 자체의 '정직성'과 정권을 잡은 사람들의 기득이권vested interests의 '본질'에 대해 의문을 가지기 시작하였다. 예를 들면, 스코틀랜드의 철학자였던 **데이비드 흄**David Hume(1711~1776)은 1742년에 쓴 '영국 의회'에 관한 에세이에서 정부에 근무하는 사람들(관료들과 공무원들)이 가지고 있는 사익self-interest을 맹렬히 비난하였고, 우리 자신을 보호하기 위해 우리는 그들을 '악한들'knaves처럼 취급해야만 한다고 공공연히 주장하였다. 또한 **애덤 스미스**Adam Smith(1723~1790)는 1776년에 저술한 《국부론》*The Wealth of Nations*에서 상업과 정부 간의 유착 관계를 강하게 비판하였다. 정부와 상업 간에 유착 관계가 있는 경우, 권력이나 권한을 가진 사람들은 자신들이 가장 편애하는 신하들과 제조업자들에게 '독점권'을 부여할 것이다.

현대 공공선택학의 선구자들: 콩도르세, 보르다, 도지슨, 빅셀

데이비드 흄과 애덤 스미스가 제기한 '정치적 과정의 작동원리'에 대한 여러 의문들은 오늘날에도 여전히 공공선택경제학의 중심 과제로 남아 있다. 그러나 현대 공공선택경제학의 직접적인 기원은 18세기 두 명의 프랑스 수학자들의 생각으로 거슬러 올라간다. 이들은 투표행위와 선거의 원리mechanics에 대해 선구적으로 연구하였다.

1785년에 **콩도르세**de Condorcet 후작은 '투표 순환'cycling(또는 '투표결과의 일관성 결여')의 문제에 주목하였다. 콩도르세의 아이디어를 알아보기 위하여 어느 한 사회에서 3개의 정책 선택안들options 또는 선거 후보자들 간에 어느 하나를 결정 또는 선택하기 위하여 '다수결 규칙'majority rule을 사용한다고 가정해보자. 세 개의 선택안들(또는 후보자들)을 가위, 바위, 보라고 부르기로 하자. 오늘날의 놀이(게임)에서처럼 두 개의 선택안들 중에서 어느 하나를 선택하는 경우 ① 보가 바위를 이기고, ② 가위가 보를 이기고, ③ 바위가 가위를 이기게 될 것이다. 그러면 어느 것이 합법적인 최종 승자가 될 것인가? 어느 하나의 선택안이 나머지 모든 선택안들(또는 후보자들)을 누르는 분명한 선택은 일어나지 않을 것이다. 두 개의 선택안들이 각각 투표에 부쳐지는 경우, 우리는 승자가 서로 순환하게 된다는 것을 알 수 있다. 예를 들면, 어떤 경우에는 '보'가 승자가 되고, 다른 경우에는 '가위'가 승자가 되고, 또 다른 경우에는 '바위'가 승자가 됨으로써 승자가 각각 순환적으로 나타나게 된다.

또한 1781년에 **보르다**Jean-Charles de Borda도 '선거의 본질'에 대해 깊이 생각해보았다. 특히 보르다는 비록 일부 투표자들이 어느 한 이슈에 대해 매우 강하게 인식하고 있을지라도 투표자들은 그 이슈에 대해 여전히 한 표 밖에 행사할 수 없다는 문제에 대해 궁리해보았다. 이에 보르다는 '사람(투표자)들이 선택안들이나 후보자들에 대해 순위를 매기고, 각 순위에 점수를 부여한 후, 이들 점수를 합산하여 가장 많은 점수를 얻는 사람을 최종 선택'하는 새로운 투표제도를 제안하였다. 예를 들면, 세 명의 후보자들이 입후보한 선거에서 각 후보자들은 투표자들이 첫 번째로 선호하는 경우에는 2점을 얻고, 두 번째로 선호하는 경우에는 1점을 얻고, 세 번째로 선호하는 경우에는 0점을 얻는다. 후보자들이 얻은 점수들을 합산한 결과 가장 많은 점수를 획득한 후보자가 최종 승자가 된다.

그 후, 1세기가 지나서 옥스퍼드 대학의 수학자인 **도지슨**[(Charles Dodgson; 《이상한 나라의 엘리스》(*Alice in Wonderland*)라는 동화를 쓴 루이스 캐롤(Lewis Carroll, 1832-1898)이라는 이름으로 더 잘 알려져 있음)]이 이러한 두 명의 프랑스 학자의 주장을 재발견하였다. 도지슨은 투표절차와 관련하여 신문에 여러 기사들을 기고하였고, 드디어 1876년에 콩도르세의 순환 역설cycling paradox을 극복하기 위한 하나의 '복잡한' 투표제도를 제안하였다.

공공선택경제학의 또 다른 주요 고전은 1896년에 스웨덴의 경제학자였던 **빅셀**Knut Wicksell이 쓴 '공정한 조세분배'에 관한 선구적인 에세이에서 찾을 수 있다. 빅셀의 에세이는 주로 경제학 관련 내용이지만 "권력을 가진 다수자들이 그들이 원한다면 소수자들에게 과세 부담을 불공평하게 전가시킬 수 있다"라는 공공선택학 고유의 문제를 제기하였다는 측면에서 그 의의가 크다. 빅셀은 "오직 만장일치제만이 '소수자들'이 착취되는 것을 막을 수 있다"라고 결론지었다. 빅셀의 이러한 결론은 여전히 오늘날의 많은 공공선택학적 사고의 기본 바탕이 되고 있다.

현대 공공선택학의 사상가들:
블랙, 애로우, 다운즈

그러나 도지슨 이후 다시 반세기가 지나서 스코틀랜드의 경제학자였던 **던컨 블랙**Duncan Black이 보르다와 콩드르세의 아이디어를 다시 발견하고, 이를 영어 사용권 세계에 널리 알리게 되었다. 블랙은 보르다와 콩도르세가 오래 전에 제기한 선거문제들에 대해 다시 검토하였다. 그 결과 1948년에 쓴 여러 논문들은 블랙을 현대 공공선택경제학의 '창시자'로 자리매김하는 역할을 하였다. 또한, 블랙은 1958년에 《위원회와 선거 이론》*The Theory of Committees and Elections*이라는 불후의 명작을 저술하기도 했다.

블랙의 공공선택이론에 대한 가장 중요한 기여는 그의 유명한 "중위투표자 정리"median voter theorem에 있다. '중위투표자 정리'에 따르면 정당들은 간단한 이슈들(예를 들면, '도로건설에 얼마를 지출해야 하는가?'와 같은 문제)에 대해 대부분의 투표자들이 가지고 있는 의견(여론)의 중앙에 위치하려 할 것이다. 중앙으로부터 멀어지는 어떤 정당은 상대 정당들에게 표를 잃게 될 것이다. 모든 정당들이 선거에서 표를 얻어서 승리하려고 하기 때문에 각 정당들은 가운데에 집결하려 할 것이며 그 결과, 투표자들은 실질적으로 선택할 여지가 없어지게 되는 결과가 초래된다.

1951년에 미국의 경제학자인 **케네스 애로우**Kenneth Arrow(나중에 노벨경제학상을 수상) 교수는 그의 유명한 "불가능성 정리"impossibility theorem로 공공선택학에 크나큰 기여를 하였다. 모든 '선거제도'와 관련하여 다음과 같은 하나의 중요한 질문이 제기될 수 있다. 즉, "선거로부터 결정되는 집단결정들group decisions이 과연 투표자들이나 일반 대중들이 가지고 있는 선호(정확히 말하면, 선호의 본질과 우세 여부 그리고 강도 등을 말함)를 얼마나 정확히 반영하느냐?"라는 것이다.

이에 대해 애로우 교수는 "그러한 만족스러운 결과를 보장해주는 민주적 투표제도는 실질적으로 존재하지 않는다!"라고 주장하였다. 나중에 일부 이론가들도 애로우 교수의 이러한 우울한 결론에 동조하였다. 예를 들면, 어떠한 선거제도라도 ① 전략적으로 투표하는 사람들이나 ② 위원회에서와 같이 투표가 이루어지는 순서를 결정하는 '의제 설정자들'agenda setters에 의해 조작될 수 있다고 주장하면서 애로우 교수가 내린 결론에 동조하였다.

또한, 애로우 교수의 제자들 중의 한 명인 **엔소니 다운즈**Anthony Downs 교수도 중위투표자 문제에 대해 연구하였다. 그러나 다운즈 교수는 1957년에 합리적 선택이론rational choice theory을 '정치시장'political marketplace에 적용함으로써 유명하게 되었다. '합리적 선택'이란 "각 개인은 자신이 가진 목표를 달성하기 위하여 신중하고 효율적으로 행동한다"는 것을 의미한다. 다운즈의 주장에 따르면 정당들의 경우 이러한 목표들은 어떤 특정한 정책이라기보다는 그들이 정권을 잡음으로써 얻게 되는 소득, 위신, 권력 등이 될 것이다. 실제로 정당들은 '정권을 잡는 데 필요한 표를 얻기 위하여'

자신의 정책들을 쉽게 바꾸기도 한다. 이것이 정당들의 입장에서는 합리적 선택이 될 것이다. 반면에 투표자들은 어느 정당이 자신들에게 가장 큰 이익(또는 혜택)을 가져다주는 지를 보고, 그 정당을 선택하게 될 것이다. 이것이 투표자들의 입장에서는 합리적 선택이 될 것이다.

그러나 다운즈의 가장 유명한 아이디어는 투표자들의 '합리적 무지'rational ignorance에 관한 아이디어다. 다운즈는 "투표자들은 각 후보자들이 제시하는 정책들이 무엇인지를 자세히 알아보려면 시간과 노력이 필요하다"고 지적하였다. 그러나 어떤 한 사람의 투표가 실질적으로 선거결과를 결정할 가능성은 매우 적거나 거의 없을 것이다. 따라서 투표자들은 후보자들의 정책에 관해 자세히 알아보기 위해 자신의 귀중한 시간과 노력을 기울일 가치가 없다고 생각한다. 그 결과, 많은 사람들은 '당명黨名만 가지고 투표하거나' 또는 '아예 투표하지 않으려 할 것'이다. 슬프게도 이것은 "대부분의 투표자들이 무관심하고 무지無知하기 때문에 정책들이나 후보자들에 대해 잘 알고 있는 이익집단들이 정당들에 대해 과도한 영향력을 행사하게 될 것"이라는 것을 의미한다.

현대 공공선택학의 두 주역: 뷰캐넌과 털럭

뷰캐넌James Buchanan 교수와 털럭Gordon Tullock 교수가 1962년에 공저한 불후의 명작인 《합의의 계산》*The Calculus of Consent*은 이들을 현대 공공선택경제학의 주역主役으로 자리매김하는 계기를 만들어주었다. 이 책에서 뷰캐넌과 털럭은 '단순 다수결 투표제도'가 야기하는 여러 이슈들을 연구하였고, '로그롤링'logrolling이라는 현상을 심층적으로 고찰하였다. 그러나 이들의 주요 기여는 '투표규칙들voting rules을 결정하는 헌법적 단계, constitutional stage와 '여기서 결정된 투표규칙하에서 실제적으로 이루어지는 투표들' 간을 분리하는 데 있었다. 그 결과 뷰캐넌과 털럭은 "투표규칙을 결정하는 '헌법'은 반드시 만장일치적 합의unanimous agreement에 의해 채택되어야만 한다"고 주장하였다. 그렇지 않으면 다수자들은 나중에 소수자들을 착취하는 투표제도를 고안하게 될 것이다.

뷰캐넌과 털럭은 "정치제도와 헌법의 진화"를 우리 모두가 '공익public interest이라는 개념을 달성하기 위한 과정'이 아니라 "개인들이 그들 자신의 이익을 보호하려는 하나의 과정"으로서 인식하였다. 그들의 접근방법은 당시의 일반적인 견해에 대한 하나의 커다란 도전이었다. 당시의 보편적 견해는 각종 '시장실패'를 교정함으로써 사회 후생social welfare을 증진시키기 위하여 정부 개입이 필요하다는 것이었다. 이에 뷰캐넌과 털럭은 보다 실질적인 문제는 바로 '정부실패'government failure라고 주장하였다. 독점, 외부성(어떤 한 사람의 행위가 다른 사람들에게 미치는 부수적인 해로운 효과), 제한되거나 일방적인 정보 등과 같은 문제들은 시장에서보다 오히려 정부에서 훨씬 더 두드러지게 나타난다. 또한 실제로 정부부문에서의 공적인 결정들public decision이 가지는 승자독식winner-takes-all의 성질 때문에 공적 결정의 기회를 잡으려는 노력들이 오히려 더 늘어나게 되었다.

공공선택학의 학파들과 노벨경제학상

뷰캐넌과 털럭은 공공선택경제학의 '버지니아 학파'Virginia School를 창립하였다. 버지니아 학파는 조지 메이슨 대학을 중심으로 '헌법 이론과 현실 세계의 여러 정치제도들'에 관한 연구에 집중하였다. 또한 로체스터 대학의 라이커William H. Riker 교수를 중심으로 '로체스터 학파'Rochester School도 만들어졌다. 로체스터 학파는 '공공선택학의 연구에 통계학과 수학적 기법을 적용'하였다. 마지막으로 시카고 대학을 중심으로 '시카고 학파'Chicago School도 만들어졌다. 시카고 학파는 '집단적 의사결정의 순수 경제적 이론'에 집중하였다.

뷰캐넌 교수가 공공선택경제학에 대한 탁월한 연구 업적으로 1986년에 노벨경제학상을 수상하였을 때 많은 사람들은 왜 털럭 교수가 공동으로 노벨경제학상을 수상하지 못했는지에 대해 의아하게 생각하였다. 그 이유가 무엇이든지 간에 털럭 교수는 공공선택경제학의 발전에 두드러진 기여를 한 것은 분명하다. 특히 털럭 교수는 '지대추구'rent seeking와 관련하여 '독창적인' 기여를 하였다. '지대추구'란 이익집단들이 정치적 과정을 이용하여 독점권이나 특권들을 획득하기 위한 낭비적인 활동을 의미한다.

이익집단의 영향력: 올슨과 라이커

미국의 경제학자였던 멘슈어 올슨Mancur Olson 교수는 그가 1965년에 저술한 《집단행동의 논리》*The Logic of Collective Action*에서 "특수이익집단들

special interest groups이 정치적 과정에 미치는 영향"을 심층적으로 탐구하였다. 현실 세계에서 로비집단들이 존재한다는 사실은 부인할 수 없을 정도로 분명하다. 그러나 올슨 교수는 수많은 '대규모 이익집단들'이 존재하지만, 이들은 효과적인 로비활동lobbying campaigns을 전개하는 것이 어렵다는 사실을 보여주었다. 이들 대규모 집단들에는 소비자들과 납세자들과 같이 사회적으로 중요한 집단들도 포함되어 있다.

대규모 집단들이 효과적인 로비활동을 하기 어려운 하나의 이유는 '무임승차자 문제'free-rider problem 때문이다. 만약 어떤 한 명의 소비자의 로비로 인해 정치인들로부터 이권(또는 특권, 면허, 허가 등)을 얻어내는 데 성공한다면, 모든 소비자들도 그들이 그 로비활동에 적극적으로 참여했던 또는 참여하지 않았던 간에 상관없이 그로부터 동일한 혜택을 누릴 수 있을 것이다. 그래서 사람들이 다른 사람들의 노력(로비활동)에 무임승차할 수 있다면 누가 그러한 활동에 기여하겠는가? 사람들의 이러한 무임승차 욕구 때문에 다음과 같은 다소 비관적인 결과가 초래된다. 전문직 단체들이나 노동조합 등과 같은 집단들('소규모 집단들')은 그들이 획득하는 혜택들을 자신의 회원들에게만 돌아가게 제한할 수 있으며 이 경우, 이들은 공개적인 토론에서 자신들의 힘이 인원수에 비해 과잉 대표over-represented되게 될 것이다. 반면에, 소비자들과 납세자들과 같은 집단들('대규모 집단들')은 인원수는 많지만 조직화하기 어려울 것이다. 따라서 이러한 집단들은 공개적인 토론에서 자신들의 힘이 과소 대표under-represented되게 될 것이다.

반면에, 1962년 미국의 정치학자였던 라이커William H. Riker 교수는 로체스터 학파Rochester School의 중심인물로서 "이익집단들이 어떻게 연합coalition을 결성하는지"를 심도 있게 연구하였다. 즉, 이익집단들은 정치적 과정에서 상호 이익을 얻을 목적으로 서로를 지지하기 위하여 연합을 결성하려 한다. 그러나 동맹은 그것을 결성하여 단결을 유지하는 데 많은 노력들이 필요하다. 라이커 교수는 '거대 연합들'grand coalitions은 대체로 오래 가지 못하고 깨어지는 경향이 있다고 주장하였다. 따라서 라이커 교수는 이 경우, "이익집단들의 최선의 전략은 '승리 최소 연합'minimum winning coalition을 결성하는 것이다"라고 결론지었다. '승리 최소 연합'(또는 '승리를 위한 최소 규모의 연합')이란 '승리'하기에 충분할 정도로 커야하지만 단결하기에 너무 커서는 안 되는(충분히 작아야 하는) 연합을 말한다.

또한 라이커 교수는 공공선택학에 '게임이론'game theory을 도입하였다. '게임이론'이란 상호 의존적인 상황을 수학적으로 모형화한 것으로써, 선거에서와 같이 어떤 한 개인의 결정(선택)이 부분적으로 다른 사람들의 결정에 의존하거나 영향을 받는 상황을 수학적으로 모형화한 것을 말한다.

관료주의와 규제: 니스카넨과 스티글러

정부에 대한 또 하나의 혼란스러운 특징은 "관료들도 그들 자신의 이익들(사익들)을 가지고 있다"라는 점이다. 미국의 경제학자인 윌리엄 니스카넨William A. Niskanen 교수는 1971년에 그의 유명한 저서인 《관료주의와 대의代議정부제》*Bureaucracy and Representative Government*를 통해 관료들의 목표와 이익을 밝혀내려고 했다. 니스카넨은 "공직에 있는 사람들(관료들)은 그들의 '예산을 극대화'하려고 한다"라고 주장하였다. 왜냐하면 예산 극대화는 관료들에게 권력, 지위, 안락, 조직의 안정, 그리고 다른 혜택들을 가져다주기 때문이다. 또한 니스카넨에 따르면 관료들은 예산협상 과정에서 의회 의원들보다 여러 이점들을 가지고 있다. 왜냐하면 관료들은 의회 의원들보다 관료기관들의 기능들에 대해 더 잘 알고 있기 때문이다. 관료 및 정부기관의 기능들과 관련하여 의회 의원들은 불가피하게도 전문가specialists가 아니라 '일반인들'generalists이다. 정치인들이 하나의 정책에 전념한다면 관료들은 이를 실행하기 위한 예산을 짜는 데 전념한다. 이 과정에서 관료들은 정치인들이 자신들이 추진하려는 사업이 폐지됨으로써 일반 대중들로부터 수치를 당하지 않으려 한다는 것을 잘 알고 있다. 그 결과, 투표자들이 실제로 원하는 것보다 더 크고 비효율적인 관료주의가 초래된다.

또한 조지 스티글러George Stigler 교수는 1971년에 쓴 논문을 통해 '시카고 학파'의 출현을 알렸고, 이제까지와 다른 관점에서 관료주의를 비판하였다. 스티글러 교수는 올슨Mancur Olson 교수의 이익집단 이론들을 기초로 해서 "규제regulation도 일반 대중들이 아니라 특수이익집단들special interest에 봉사하기 위하여 만들어지고 실시된다"라고 주장하였다. 의사 및 제약회사들과 같은 '전문직 단체들'의 응집된 이익들은 그들에게 조직을 결성하고, 정치인들에게 로비활동을 하려는 강한 유인을 제공해준다. 그러면 정치인들은 그들을 매수하기 위하여 각종 규제 기관들을 설치한다. 따라서 규제 기관들이 특수 이익집단들에 의해 포획당하는 것이 아니라* 오히려 문제는 "규제 기관들이 처음부터 특수 이익집단들에게 각종 혜택을 줄 목적으로 설립된다"는 점이다. 스티글러 교수는 이러한 생각을 1971년에 쓴 〈경제적 규제 이론〉이라는 그의 논문에서 다음과 같이 잘 요약하고 있다.** 즉, "대체로 규제는 산업의 요구에 의해 만들

* 역자 주: 전통적인 규제 이론에 따르면 "규제기관들이 특수이익집단에 의해 포획당한다"라고 주장한다.

** Stigler, George, "The Theory of Economic Regulation", *Bell Journal of Economics and Management Science*, 1971, Vol. 2, pp. 137-146 참조 바람.

어지며, 주로 산업의 이익을 위해 고안되고 실시된다"라고 언급하였다.

최근의 재검토:
슘페터, 코플린, 니트젠, 클라크, 그로브즈

관료주의와 규제에 관한 아이디어는 공공선택 연구자들에게 공적(또는 공공의) 의사결정 과정에 대해 '비관적으로' 생각하게 만들었다. 애로우 교수가 주장했듯이 개인들의 선호의 범위를 진실되고 일관성 있게 나타내는 '집단적 선택'을 가져다주는 어떠한 정치제도를 고안하는 것은 거의 불가능한 것처럼 보인다. 왜 그런가? 그 이유는 다음과 같다. 첫째, 사람들(투표자들)이 그들의 진정한 선호들을 나타내기보다는 전략적으로 투표하려 하기 때문이다. 둘째, 이익집단들이 과도하고 부당한 영향력을 행사하기 때문이다. 셋째, 다수의 일반 대중들이 선거 이슈들을 이해하거나, 심지어 투표하려는 유인을 거의 가지고 있지 않기 때문이다. 넷째, 의제 설정자들agenda setters이 그들 자신의 선호가 채택되도록 하려 하기 때문이다. 다섯째, 정당들이 투표자들에게 실질적인 선택안들을 제시하기보다는 중앙에 수렴하려 하기 때문이다. 여섯째, 로비활동가들이 정치인들로부터 각종 특혜를 얻기 위하여 막대한 자원을 지출하려 하기 때문이다. 마지막으로, 관료들이 일반 대중의 이익이 아니라 그들 자신의 이익을 추구하기 때문이다.

그럼에도 불구하고 여러 공공선택 이론가들은 공공선택이론에 대해 더욱 '낙관적'인 태도를 견지해왔다. 1940년대로 되돌아가서 조지프 슘페터Joseph A. Schumpeter 교수는 "시장에서의 경쟁이라는 '보이지 않는 손'

과 같이 정치시장에서도 표를 얻기 위한 경쟁('득표 경쟁')은 유익한 결과를 가져다준다"라고 주장하였다. 좀 더 최근에 코플린Peter Coughlin 교수와 니트젠Shmuel Nitzan 교수와 같은 몇몇 연구자들은 "정당들이 자신들의 이익을 위하여 하나의 이슈가 아니라 다양한 이슈들을 제시한다면 '투표 순환'의 상태에 빠질 가능성은 훨씬 더 적어질 것"이라고 지적하였다. 또한 클라크Edward H. Clarke 교수와 그로브즈Theodore Groves 교수와 같은 일부 연구자들은 투표자들이 그들의 진정한 선호들을 나타낼지도 모를 여러 방법들에 관해 연구하였고, 또한 투표자들이 이기적 또는 전략적으로 투표하는 대신에 '자신들의 요구사항들이 다른 사람들에게 부과하는 비용'을 명시적으로 고려하였다.

또한 실제적으로 볼 때에도 공공선택 이론에 대한 비관주의보다 '낙관주의'가 더 우세하다고 할 수 있다. 예를 들면, 일부 학자들은 "관료들과 그들의 예산이 니스카넨이 우려하는 것보다 사실상 더 잘 통제되고 있다"라고 주장한다. 또한 정당들이 항상 중위 투표자들 주위에서 맴돌기보다는 실제로 인플레이션과 실업과 같은 중요한 이슈들에 대해서 정당 간에 큰 차이가 나고 있다.

새로운 접근(연구)방법의 등장: 버논 스미스

현대 공공선택이론의 선구자들은 모두 영국 또는 미국 학자들이었고, 이제까지 주로 '양당 정치'와 '단순 다수결 제도'와 관련된 연구들에 초점을 맞추어 왔다. 그러나 공공선택경제학은 이제 국제적 수준으로 성장하였고, 또한 다당제多黨制와 여러 나라들에서 채택되고 있는 다양한 투표규칙들을 더 많이 적용하고 있다. 오늘날 공공선택 연구자들이 관심을 가지는 주요 이슈들은 다음과 같다. 즉, 여러 개의 정당에 의한 연합들이 어떻게 결성되는가?, 다당多黨에 의한 연합들이 어떻게 안정을 유지하는가?, 왜 수많은 정당들이 연합이 아니라 '소수당 정부'를 구성하려 하는가? 등이다.

실제 정치제도로부터의 증거뿐만 아니라 버논 스미스Vernon Smith 교수와 같은 경제학자들은 "사람들(대부분 스미스 교수의 학생들)이 실제로 어떻게 선택하는지"를 살펴보기 위하여 실제적인 실험들을 진행하였다(버논 스미스 교수는 이 업적으로 2002년에 노벨경제학상을 수상). 그러한 실험들로부터 나타난 결과와 통찰력 가운데 다음 다섯 가지가 특히 주목할 만하다. 첫째, 상이한 투표자들 간의 의견이나 선호의 강도를 나타내는 선거제도를 고안하는 것이 가능하다. 둘째, 투표자들의 전략적 투표를 저지하는 것이 가능하다. 셋째, 뷰캐넌과 털럭이 제안한 헌법에 대한 만장일치제 적용이 실제로 가능하다. 넷째, 많은 다른 실험 결과들에 따르면 사람들은 올슨이 주장했듯이 무임승차를 하지만 일반적으로 생각되는 것보다 훨씬 더 적게 무임승차한다는 점이다. 마지막으로, 실제로 많은 사람들은 그들의 '합리적'rational 사익私益추구 동기가 보여주는 것(합리적 무지)보다 정치에 훨씬 더 많은 에너지를 쏟아 붓고 있다.

'과학'으로서 공공선택경제학이 발전하고 성숙되어감으로써 공공선택학의 근본적이고 획기적인 통찰력들은 이제 수학적 모형화와 실험에 밀리는 경향을 보이고 있다. 즉, 기존의 공공선택학의 연구 결과들이 가지는 불충분한 세부 사항들에 대한 '보충' 작업과 실험으로 인해 공공선택학 본연의 통찰력은 뒷전으로 밀리고 있다. 다음 절에서 살펴보겠지만 최근의 몇몇 이론과 실험은 공공선택 연구자들의 초기의 일부 가정들에 대해 의문을 제기하고 있으며, 또한 그들 가정들이 실질적으로 수정되거나 더욱 정교화될 것을 요구하고 있다.

또 하나의 경향은 공공선택경제학의 연구에 수학의 사용이 늘어나고 있다는 점이다. 그러나 많은 학자들은 여전히 난해한 모형들을 더욱 정교화하기보다는 현실 세계의 정치와 정부를 설명하고 분석하는 데 연구의 초점이 맞추어져야 한다고 주장하고 있다. 또한 공공선택경제학은 '정치학'에 더 심오한 영향을 미치고 있다. 왜냐하면 정치학자들이 점점 더 '합리적 행위자'rational actor 접근법을 사용하는 경향이 늘어나고 있기 때문이다.

뷰캐넌 교수와 털럭 교수는 공공선택학 연구 분야에서 활동하고 있는 학자들 간에 아이디어를 교환하기 위하여 1965년에 '**공공선택소사이어티**'Public Choice Society를 설립하였다. 공공선택학의 눈부신 성장을 반증하는 하나의 지표로 미국에서 개최되는 공공선택소사이어티의 연례 회의에 수백 명의 학자들이 참가하고 있으며, 유사한 소사이어티들이 유럽과 극동 지역(일본과 한국 등)에서도 만들어져 왔다. 공공선택경제학은 초기에는 다소 모호한 개념들로부터 출발하였지만 이제는 현실 세계의 정치와 정부를 설명하고 분석하는 명실상부한 '살아있는 논쟁의 상場'을 제공하고 있다.

3장

누가 정부를 필요로 하는가?: 정부를 필요로 하는 사람들

의사결정에 드는 비용

균형을 찾아서

정부실패

공공재의 분할 불가능성

팽창 압력

선택과 결과 간의 직접적 관련성 부재

어떤 사업들은 혼자서는 도저히 할 수 없을 것이다. 만약 특정 사업에 관계되어 있는 모든 사람들이 그 사업이 가치가 있다고 생각하고, 실시하고자 하는 사업에 드는 노동과 비용, 그리고 혜택을 서로 나누어 가지기 위하여 다른 사람들을 고용할 수 있다면 더 없이 좋을 것이다. 예를 들면, 도시에 거주하는 어떤 가정이 해변가에 있는 멋진 별장 한 채를 사기를 원한다고 가정해보자. 아마 이 가정은 혼자서는 그 매우 값비싼 별장을 사거나 마련하지 못할 지도 모른다. 그러나 이 가정이 별장을 마련하기 위해 다른 사람들과 함께 그 비용을 서로 분담한다면 '별장 마련' 사업은 가능해질 것이다. 즉, 어느 한 가정은 자원해서 별장을 장식하고, 다른 가정은 별장에 가구를 비치하고, 또 다른 가정은 잔디를 깎고 정원을 손질하고, 또 다른 가정은 별장에 식료품이나 필요한 물품을 비축한다면 여기에 참가한 모든 가정들이 만족할 수 있는 '별장 마련' 사업은 비로소 가능해질 수 있다. 이와 같이 별장 마련은 '사적재'private goods로서 비용문제 때문에 혼자서는 감당할 수 없을지 모르지만 여러 사람들이 자발적으로 협력한다면 충분히 이룰 수 있는 사업에 해당된다.

문제는 '공공재'public goods에 있다. 왜냐하면 공공재의 경우는 사적재와 다르기 때문이다. '공공재'란 정의상 사람들이 공공재 공급에 어떠한 기여(비용부담)를 하지 않더라도 공공재 공급으로부터 발생하는 혜택들을 공유(향유)할 수 있는 재화를 말한다. 따라서 사람들은 공공재와 같이 다른 사람들의 노력의 결실을 대가 지불 없이 공짜로free 누릴 수 있다면 자발적으로 그 공급에 기여할 유인을 가지지 않을 것이다.

흄David Hume이 예시한 고전적인 공공재의 예는 '항구 준설'과 '군대 양성'이었다. 사회에 있는 모든 사람들은 상업 및 교역의 증진과 개선된 안전(공공재)으로부터 혜택을 얻을 수 있다. 그러나 이들 공공재를 공급하는 데 아무런 기여를 하지 않더라도 똑같은 혜택을 얻는다면 누가 항구 준설에 드는 비용을 자발적으로 부담하고, 또 누가 자발적으로 군대에 입대하겠는가? 반면에 털럭Gordon Tullock은 공공재의 사례로 한때 악명 높았던 '런던의 스모그'London smog(런던을 뒤덮은 연기 섞인 안개를 말함)를 들었다. 분명히 그러한 오염은 사람들이 연기가 없는 무연無煙 연료를 사용(대체)함으로써 없앨 수 있을 것이다. 그러나 무연 연료는 비용이 더 비싸다는 문제를 가지고 있다. 사람들은 자신들의 오염 감소 노력이 사회의 전체 오염을 제거하는 데 아주 작은 기여를 한다는 사실을 안다면 누가 추가적 비용을 지불하겠는가? 또한 많은 사람들이 무연 연료로 대체하여 전체 오염 수준을 크게 감소시키는 데에는 성공하였지만 여전히 일부 무연 연료를 사용하지 않는 사람들은 무연 연료로 대체한 사람들의 희생(기여)에 '무임승차'free-ride할 수 있다는 사실을 깨닫게 된다면 과연 누가 추가적 비용을 지불하겠는가?

이러한 '공공재' 문제의 결과는 잠재적으로 혜택을 가져다주는 사업들, 예를 들면, 안전의 증진 또는 공기 정화 등과 같은 사업들이 사회적으로 결코 공급되지 않거나 공급된다고 해도 불충분하게 공급될 것이다.

공공재로 분류되는 몇몇 재화들은 종종 나중에 공공재가 아닌 것으로 밝혀진다. 예를 들면, 항구 준설의 경우 항구 내 시설을 사용하는 선박들에 대해 무료 사용이 아니라 '항만 사용료'를 부과함으로써 준설에 드는 재원을 조달할 수 있다. 이 경우에 항구 준설은 더 이상 공공재가 아니다. 그러나 공공재와 관련하여 많은 이론적 그리고 실제적 경우들이 존재한다. 우리는 중요하다고 생각되지만 시장이 공급할 수 없거나, 또는 시장이 공급하더라도 제대로 공급하지 못하는 그러한 사업들은 '정부를 고용하여' 공급할 수 있을 것이다. 이를 위해 우리는 투표를 통해 집단적으로 의사결정을 하며, 이를 통해 모든 사람들이 비용을 공유하도록 강제强制할 수 있다. 예를 들면, 연기를 발생시키는 연료들의 사용을 금지하거나, 국방과 공공사업에 드는 재원을 조달하기 위하여 모든 사람들에게 세금을 부과할 수 있다.

이러한 이유 때문에 뷰캐넌J. Buchanan과 털럭G. Tullock과 같은 정통 공공선택 학자들은 국가를 '유기체적'organic인 것으로 보지 않고 있다. 여기서 유기체有機體란 그 자신의 삶과 목표를 가지고 자체적으로 '성장하는' 조직을 의미한다. 그 대신에 뷰캐넌과 털럭은 정부(국가)를 단순히 하나의 '수단'으로서 인식하고 있다. 즉, 정부는 합리적rational이고 이기적self-interested인 개인들이 결합한 '집단행동'collective action을 통하여 자신들의 개인적인 이익들을 증진시키기 위한 하나의 수단에 불과하다는 것이다.

의사결정에 드는 비용

이러한 배경하에서 다음의 질문이 제기될 수 있다. 즉, 이러한 집합적 의사결정을 하는 데 어떤 규칙rules이 적용되어야 하는가? 특히 모든 사람들이 집합적 사업에 참가하도록 강제하는 데 필요한 다수결majority의 크기는 얼마여야 하는가?

아마 가장 이상적인 규칙은 **'만장일치제'**unanimity rule일 것이다. 만장일치제란 어느 누구도 의사결정 과정에 강제적으로 참가해서는 안 되며, 또 모든 사람들이 상호 혜택을 위하여 자발적으로 기여하도록 동의하는 규칙을 의미한다. 그러나 현대의 대규모 사회들에서는 수백만 명의 사람들로부터 동의를 얻으려면 많은 시간과 노력들이 필요할 것이고, 이는 실제로 불가능할 지도 모른다. 또한 만장일치가 필요한 경우 어떤 한 개인이 어떤 사업에 대해 반대(거부)할 지도 모른다. 그런 이후에 그 사람은 다른 사람들이 그 사업에 찬성하여 해당 '공공재'가 공급된다면 자신은 무임승차하려 할지도 모른다.

그러나 만장일치보다 더 적은 수의 동의를 필요로 하는 투표 규칙이 있다. **'다수결 투표제'**majority voting가 이에 해당된다. 다수결 투표제란 투표자들의 과반수majority가 자신들에게 혜택을 가져다주는 특정 사업에 찬성하여 이를 통과시키는 데 적용되는 규칙을 말한다. 그러면 다른 모든 사람들(과반수 미만에 속하는 사람들)은 다수결의 결정에 따라 그러한 사업을 강제적으로 수용해야만 하거나, 그 사업에 드는 비용을 강제적으로 부담해야만 한다. 실제로 다수결에 의한 이러한 착취는 민주주의 사회에서 매우 흔한 일이다. 예를 들면, 소수자들이 강하게 반대하거나 또는 그 비용을 부담하지 않으려는 정부 사업이나 활동들에 대한 재원을 마련하기 위해, 또는 보조금 지급을 위한 재원을 마련하기 위해 강제적으로 조세가 부과된다. 종종 다수결 규칙은 이보다 더 나아가는 경우도 있다. 또한 다수자들은 소수자들에 대해 자신들이 믿는 가치까지도 강요하며, 마약 소지와 같이 뚜렷한 피해자가 없는 사소한 '경범죄'에 대해 검찰에 고소하기도 하고, 다른 경우에는 소수자들의 기본적 자유를 침해하기도 한다. 이러한 경우들은 다수결의 횡포와 착취에 해당된다.

의사결정에 필요한 다수결의 수가 많을수록 한편으로는 의견일치(또는 만장일치)에 도달하기 더 어렵지만, 다른 한편으로는 소수자들이 착취될 가능성은 더 적어진다. 이를 뷰캐넌과 털럭의 주장을 빌려 표현하면 "다수결에 필요한 수가 많을수록 의사결정 비용decision-making costs은 더 높아지고, 외부 비용external costs(소수자들의 착취 가능성)은 더 낮아진다"는 것을 의미한다. 이와 마찬가지로 의사결정에 필요한 다수결의 수가 더 적을수록 한편으로는 의견일치를 보기가 더 쉽지만, 다른 한편으로는 소수자들이 착취될 가능성은 더 커진다. 따라서 이 경우에도 뷰캐넌과 털럭의 주장을 빌리면 "다수결에 필요한 수가 적을수록 의사결정 비용은 더 낮아지고, 외부 비용(소수자들의 착취 가능성)은 더 높아진다"는 것을 의미한다.

균형을 찾아서

이상적으로 우리는 의사결정에 드는 비용과 외부 비용의 '총합'이 최소화되는 곳에서 성립되는 다수결(이를 '최적 다수결'이라 함) 규칙을 찾을 수 있다. 이 경우의 최적 다수결은 합의(의견일치)에 쉽게 도달하기에 충분할 정도로 '작아야만' 하며, 동시에 소수자들의 착취를 어렵게 만들기에 충분할 정도로 '커야만' 한다.

물론 우리가 일반적으로 사용하고 있을 뿐만 아니라 세계의 많은 국가들의 정치제도에서 널리 채택 · 사용되고 있는 의사결정 규칙은 '**단순 다수결 투표제**'simple majority voting이다. '단순 다수결 투표제'란 시민들의 절반 이상(과반수)이 찬성투표하는 것에 따라서 의사결정이 이루어지는 것을 말한다. 그러나 공공선택 연구자(학자)들은 '어떤 투표 규칙을 적용할 것인가'라는 투표 규칙의 선택은 매우 중요하다고 믿고 있다. 왜냐하면 정부의 결정들은 주로 '강제'coercion에 의존하기 때문이다. 투표에서 과반수 미만에 해당하는 '소수자들'은 다수결(과반수)이 원하는 것에 대하여 강제적으로 그 비용을 지불해야만 하고, 다수결에 의한 결정의 결과를 받아들여만 한다. 이 과정에서 소수자들은 자신들이 얼마나 강하게 반대하는지는 중요하지 않다. 따라서 단순 다수결 투표제와 관련하여 다음과 같은 상충관계trade-off가 존재한다. 한편으로 우리는 집합적 의사결정이 쉽게 이루어지기를 원하며, 다른 한편으로는 반대자들에 대해 강제력의 사용을 최소화하기를 원하기 때문이다. 집합적 의사결정이 쉽게 이루어지는 것도 중요하지만 다수결이 요구하는 사업으로부터 어떠한 혜택을 받지 못할 수 있는 반대자들에 대해 최소한의 강제력을 사용해야 한다.

이러한 관점에서 볼 때 '단순 다수결 규칙'은 비록 오늘날 세계 정치제도에서 널리 유행하고 있지만 최상의 투표규칙best rule이 아닐 수도 있다. 뷰캐넌과 털럭의 주장에 의하면 비록 단순 다수결 규칙이 현재 세계에서 보편적으로 사용되고 있을지라도 다수결 투표와 관련하여 '마법적인'(즉, 요술방망이와 같은) 규칙은 아니다. 뷰캐넌과 털럭은 단순 다수결 규칙 이외에도 많은 다른 투표 제도들이 존재한다고 지적하였다. 예를 들면, '2/3 찬성 규칙'과 같은 '**가중 다수결 규칙**'qualified majority rule을 들 수 있다.

실제로 우리는 관계된 문제(사안)의 성격에 따라 다양한 다른 투표 규칙들을 이용할 수 있다. 예를 들면, 소수자들이 착취되는 위험(가능성)이 낮은 경우에는 사람(시민)들은 '단순 다수결 규칙'을 선호할 지도 모른다. 그러나 시민들은 소수자의 착취 위험이 높은 경우에는 '훨씬 더 많은 다수결'을 요구할 수 있다. 다시 말하면, 외부 비용(소수자들의 착취 가능성)이 높을수록 투표 규칙은 더 많은 사람들을 포함해야만 한다.

이것은 과세課稅 문제와 관련해서 빅셀K. Wicksell이 왜 '만장일치'에 의한 결정을 지지하는 지에 대한 이유이기도 하다. 또한, 이러한 이유 때문에 뷰캐넌과 털럭은 미래의 모든 투표 규칙을 결정하는 '헌법'은 반드시 만장일치적으로 채택되어야 한다고 주장한 바 있다.

정부실패

공공선택 이론이 새로운 학문으로서 부상하기 전에 많은 일반 경제학자들은 공공재의 과소공급undersupply(불충분한 공급)과 같은 '시장실패'market failure 문제를 교정하기 위하여 정부개입이 합법적으로 이루어질 수 있다(또 반드시 이루어져야 한다)고 가정하였다. 그러나 공공선택 학자(연구자)들은 이러한 가정이 가지는 슬기로움에 대해 심각한 의문을 제기하였다. '시장실패'의 존재는 정부개입이 반드시 더 나은 결과를 가져다준다는 것을 의미하지 않는다. 다시 말하면, 공공선택 연구자들은 '시장이 실패한다고 해서 정부 개입이 반드시 더 나은 결과를 가져다준다는 보장이 없다'고 주장하였다. 따라서 공공선택론은 우리들에게 정부도 실패할 수 있다는 사실을 일깨워 주었다.

예를 들면, 어떠한 투표 제도도 관련된 모든 개인들이 가지고 있는 상이한 의견의 강도를 진정하게 반영해주지는 못한다. 정부는 모든 유권자(시민)들의 선호를 정확히 알 수 없을 것이다. 그 결과, 정부는 무엇이 '공공의 이익'public interest인지 정확히 알지 못하게 된다. 다른 투표제도를 적용하면 다른 대답(결과)이 얻어질 것이다. 즉, 적용되는 투표 제도가 다르면 그 결과도 다를 것이다. 반면에 다수결 제도는 여러 장점에도 불구하고 소수자들을 착취할 위험(가능성)이 있고, 또한 특수이익집단special interest groups에 의한 낭비적인 지대추구 활동을 초래할 수 있다.

시장은 어떤 재화들을 공급하는 데 실패할 수도 있다. 그렇다고 해서 정부 개입이 그 재화들을 공급하는 데 반드시 이상적인 방법이라고는 말할 수 없다. 왜냐하면 위에서 언급한 바와 같이 정부 개입은 많은 문제들을 발생시키기 때문이다. 실제로 정부 개입으로 인해 새로이 야기되는 문제들은 애초에 교정하려고 한 문제들보다 더 큰 손해를 가져다준다. 단순히 말하면, 정부 개입을 안 한 것만 못하다는 의미이다.

전통적으로 공공선택의 연구자들은 '정부 개입의 필요성'에 대해서는 인정하고 있다. 그러나 그들은 '정부가 어떻게 작동하는지'에 대해서는 낭만적인romantic 태도가 아니라 '현실적인'realistic 태도가 필요하다고 주장한다. 즉, 우리는 현실적인 입장에서 투표 규칙들을 선택해야 하며, 일단 결정이 이루어지면 사람들로 하여금 그 결정에 얼마나 순응하도록 해야 하는 지 등을 면밀히 검토해보아야만 한다. 또한 시장이 제대로(효율적으로) 공급하지 못하는 중요한 일들을 하는 데 문제투성이인 정부 개입이 과연 옳은 방법인지에 대해 심사숙고해보아야만 한다. 따라서 사회적으로 유익하지만 시장이 도저히 공급하지 못하는 물건들이 있다고 해서 더 많은 정부 개입이 반드시 '옳은' 해법이라고는 단정지울 수 없다. 다시 말하면, 사회적으로 꼭 필요하지만 시장이 도저히 공급하지 못하는 물건들이 있다고 해서 그것을 반드시 정부가 나서서 공급하는 것이 옳다고는 말할 수 없다. 왜냐하면 위에서 지적했듯이 정부는 많은 문제들을 가지고 있고, 또 정부 개입이 오히려 종종 문제를 더 악화시킬 수 있기 때문이다.

공공재의 분할 불가능성

위에서 언급한 항구 준설의 경우처럼 공공재는 '전부all가 아니면 전무nothing'라는 문제가 있다. 우리는 항구를 준설해야만 하는가? 우리는 군대를 양성해야만 하는가? 우리는 연기를 발생시키는 연료 사용을 금지해야 하는가? 이들에 대한 대답은 '예' 또는 '아니오'가 될 수 있다. 중간적인 대답은 없다. 또한 소수자들은 집합적 '찬성' 결정과 집합적 '반대' 결정을 강제적으로 수용해야만 한다. 반면에 시장에서 매매되는 시장재市場財, market goods(시장에서 생산되는 재화로서 사적재를 말함)는 매우 다양하다. 예를 들어, 검은색, 푸른색, 갈색, 또는 붉은색 신발을 원하는 모든 사람들은 돈만 있으면 시장에서 동시에 각자가 원하는 색깔의 신발을 구입할 수 있고, 또 그들이 어떠한 스타일의 신발을 선택하든지, 또는 그들이 얼마만큼의 신발을 사고자 하든지 모두 시장에서 구입할 수 있다. 그렇다고 해서 다른 사람들에게 자신들이 원하는 선호를 따르도록 강요할 필요도 없다. 만약 우리가 어떤 유형의 공공재를 강제적이 아니라 '자발적 집단행동'에 의해 공급하는 하나의 방법을 찾을 수 있다면 우리는 사적재 시장에서 볼 수 있는 그런 종류의 다양성에 가까이 갈 수도 있을 것이다.

또한 선거는 '어떠한 집단행동이 이루어져야 하는지에 대한 우리의 선호를 표현하는 방법'으로서 매 4~5년 마다 한 번씩 실시되곤 한다. 선거의 이러한 특징은 시장과 크게 다른 점이다. 시장에서는 우리가 원하는 것을 언제든지 구할 수 있고, 우리의 구매활동을 통하여 각자의 개별 선호들을 언제든지 표현할 수 있다.

더구나 시장에서 우리는 다양한 유형의 제품들로부터 어떤 제품을 선택하거나 아니면 선택하지 않을 수 있다. 예를 들면, 시장에서는 강제적으로 쇠고기나 베이컨을 사지 않고서도 동시에 복숭아나 살구를 구입할 수 있다. 이러한 선택은 만약 여러분이 채식주의자라면 흔히 있을 수 있는 일이다. 그러나 '선거'에서 우리는 '개별' 사업들을 선택할 수 없고, 많은 정책(사업)들이 들어있는 하나의 슈퍼마켓 바구니에 대해 투표해야만 한다. 예를 들면, 슈퍼마켓 바구니에는 이민, 학교(교육), 건강, 복지, 공공지출, 조세, 교도소 등과 같은 매우 다양한 이슈(물건)들이 들어 있다. 우리는 그러한 꾸러미package 중에서 어떤 이슈(물건)들은 좋아할 수 있고, 다른 이슈들은 싫어할 수 있을 것이다. 그러나 선거의 경우 불행하게도 우리는 우리가 원하는 이슈만을 뽑아서 선택할 수가 없다.

팽창 압력

정부 개입과 선거가 가지고 있는 이러한 단점들에도 불구하고 정부활동을 지속적으로 팽창시키려는 압력들이 존재한다. 예를 들면, 공개적 토론에서 '매우 집중화된 이익'focused interests을 가진 집단들(예를 들면, 방위산업 계약자들이나 노동조합원들)의 목소리가 다수 투표자들의 목소리들을 압도하곤 한다. 다수 투표자들의 이익은 특수이익집단의 이익에 비해 훨씬 덜 구체적이다. 집중화된(또는 응집된) 이익concentrated interests을 가진 집단들은 조직을 결성하고, 필요한 자금을 조달하고, 그들에게만 이익이 되는 정책을 위하여 캠페인을 벌일 강력한 유인을 가지고 있다. 반면에 일반 대중들은 매우 분산된 이익diffused interests을 가지고 있으며 공개적 토론에 많은 노력들을 투여할 동기를 거의 가지고 있지 못하다.

정부활동이 팽창하는 또 다른 이유는 다수결이 자신들의 의사결정에 소요되는 비용을 '소수자들' 뿐만 아니라 '아직 태어나지 않은 세대들'에게 떠넘기려 하기 때문이다. 많은 공공활동(사업)들은 이들 사업들로부터 혜택을 보는 사람들의 조세지불에 의해 재원이 마련되는 것이 아니라 '공공 부채'public debt에 의해 재원이 마련된다. 공공 부채는 미래 세대들이 유산으로 물려받아 청산하게 될 것이다. 그래서 사람들은 자신들에게 혜택을 주는 사업들 — 예를 들면, 현 세대의 연금 인상이나 도로 개선 등 — 에 찬성투표하고, 이들 사업에 드는 비용은 미래의 납세자들에게 전가시키려 한다. 이를 '**시간 바꿔치기 현상**'time shifting이라 부른다. 즉, 혜택은 현 세대가 보고, 그 비용은 미래 세대에게 전가하는 현상을 의미한다. 시간 이동에 대한 이러한 기회를 고려해 볼 때 많은 사람들이 공공서비스 팽창에 열중하는 것은 전혀 놀랄 일이 아니다.•

또한 팽창 압력은 의회에서 의원들 간에 "당신이 내가 추진하는 사업에 찬성투표를 해주면 나도 당신이 추진하는 사업에 찬성투표할 것 입

• 일부 경제학자들은 '정부는 미래에 수익을 발생시키는 자산들(예를 들어, 도로, 철도, 항만 등)에 투자하기 위하여 차입(공채 발행)을 할 수 있다'고 주장하고 있다. 실제로 영국의 경우 1997~2010년 동안 노동당 정부가 실시한 '황금준칙'(golden rules) 중의 하나는 바로 이러한 원리를 채택하였다. 그러나 이러한 생각에는 몇 가지 문제들이 있다. 첫째, 무엇이 투자인지에 대해 일반적으로 합의가 이루어져 있지 않다. 둘째, 많은 투자 사업들은 이익집단들에 의해 결정될 수 있고, 또 장기 수익이 발생하지 않을 수 있다. 셋째, 일반적으로 정부 지출과 수입은 이와 같은 방식으로 결정되거나 배분되지 않는다. 결국, 과거 노동당 정부의 '황금준칙'은 이러한 이유들 때문에 불명예스러운 이름을 얻게 되었다. 좀 더 일반적으로 공공선택경제학에 따르면 '이익집단들은 자신들에게 이익을 가져다주는 투자 사업의 현재 지출에 대한 재원을 조달하기 위하여 로비활동을 통해 차입을 쉽사리 촉진시킬 수 있다'라고 주장한다.

니다!"라는 소위 '**로그롤링**'logrolling 현상에 의해 더욱 증가될 것이다. 로그롤링은 민주주의 체제와 그 궤를 같이 하고 있으며, 민주주의 체제에서 필연적으로 나타나는 현상이다. 예를 들면, 내(필자)가 미 의회에서 일하고 있었을 때, 나는 미국의 대표적인 복지수단인 '무료 식량배급'Food Stamp 프로그램이 농업보호법Farm Bill의 맨 끝에 첨부되어 있는 것을 보고 놀란 적이 있다. 농업보호법은 대개 농업부문에 대한 보조금 지급과 관련되어 있다. 그런데 여기에 농업보호와 아무런 관련이 없는 무료 식량배급 프로그램이 첨부되어 있어서 놀란 것이다. 그때 내 동료들은 나의 순진함에 자신들의 눈을 휘둥그레 뜨며 나를 이상하게 쳐다보았다. 그때 내 동료들의 설명에 의하면 미국의 경우 농촌지역에 지역구를 둔 공화당 의원들은 농업보조금에 찬성투표하고, 도시지역에 지역구를 둔 민주당 의원들은 무료 식량배급 프로그램에 찬성투표함으로써 납세자를 제외하고 관련된 모든 의원들과 사람들이 이익을 얻는다고 말해주었다. 이것이 전형적인 로그롤링의 예에 해당된다. 이러한 의원들 간의 로그롤링의 결과, 정부 활동이 팽창하게 된다.

선택과 결과 간의 직접적 관련성 부재

공공선택 이론은 정치제도의 또 다른 실패를 지적하고 있다. 즉, '**전략적 또는 전술적 투표**'strategic or tactical voting(다른 후보나 정당을 떨어뜨리기 위해 지지하지 않는 후보나 정당에 투표하는 행위)의 실패가 바로 그것이다. 시장 거래의 경우 여러분들은 자신의 선택을 하고, 여러분들이 원하는(좋아하는) 재화와 서비스를 얻을 수 있다. 반면에 정치(또는 '정치시장')에서는 여러분들은 선거에서 자신들의 선택을 표현할 수 있다. 그러나 여러분들은 여러분이 매우 싫어하는 것을 선택하게 될 지도 모른다.

이러한 이유로 많은 사람들은 선거에서 그들의 진정한 선호를 표현하지 않고, '전략적으로' 투표하려 한다. 다시 말하면, 그들은 그들이 좋아하는 정당이나 선택안option에 찬성투표하는 것이 아니라 당선 가능성이 높은 정당이나 선택안에 찬성투표를 던지게 된다. 예를 들면, 영국 의회 총선거에서 만약 노동당Labour Party 후보자가 어떤 지역구에서 승리 가능성이 거의 없다면 노동당 지지자들은 최대 라이벌인 보수당Conservative Party 후보자들을 낙선시키기 위하여, 자유민주당Liberal Democrat 후보자에게 찬성투표를 던질 수 있다. 이러한 경우를 '전략적 투표'라 부른다.

그러나 이것은 유권자(투표자)들이 진정으로 무엇을 원하는 지에 대해 정치인들과 정부 관료들에게 그릇된 메시지(신호)를 보내게 된다. 선거를 통해 시민들의 올바른 정서public mood를 파악하기가 매우 어렵다. 선거에서 각 투표자는 어떤 하나의 이슈에 대해 얼마나 강하게 느끼는지에 관계없이 오직 한 표만('1인 1표') 던질 때, 또는 투표자들의 의견이 종종 대립될 때 선거는 시민들의 정서를 제대로 대변해주지 못한다. 너욱이 많은 사람들이 그들이 진정으로 믿는 것(신념)에 대해 투표하지 않을 때 투표자들의 정서를 아는 것은 더욱 어려운 일이다. 마지막으로 많은 투표자들이 그들의 투표가 선거 당락을 결정하는 데 아무런 영향을 줄 수 없다고 생각하거나, 또는 관련 이슈들을 세밀히 검토하거나 투표장에 가는 것이 시간 낭비라고 생각할 수 있을 것이다. 그 결과 투표자들은 투표에 참가하지 않게 된다. 이것은 투표자의 입장에서 본다면 완벽에 가까울 정도로 '합리적인' 생각이고 행동이다. 이를 투표자들의 '**합리적 무지**'rational ignorance라고 한다. 이 경우에 우리의 민주적 선택은 어느 정도 그 합법성을 잃게 될 것이다.

이익집단들, 로그롤링, 투표자의 합리적 무지, 전략적 투표, 꾸러미화된(일괄적) 선택, 시간 이동, 강제, 독점, 소수자의 착취 등으로 인하여 정부는 생래적으로 실패할 수 있음을 의미한다. 즉, 이들은 정부가 실패하는 생래적인 요인들에 해당된다. 따라서 정부는 실패할 수 있는 내장된(생래적인) 요인들을 가지고 태어난다고 할 수 있다. 사정이 이러하다면 뷰캐넌과 털럭이 말했듯이 정부는 더 이상 '낭만적인'(romantic) 존재가 아니다! 그러므로 우리는 정부에 대해 더 이상 낭만적으로 바라보아서는 안 될 것이다.

4장

선거에서 어떻게 승리하는가?

투표 역설의 발생

기타 투표제도들

합리적 무지

투표 동기: 사람들은 왜 투표하는가?

중간으로의 표류(漂流): 중위투표자 이론

합리적 투표자에 대한 미신

"만약 당신이 법률이나 소시지를 좋아한다면 당신은 이들이 어떻게 만들어지는가를 결코 보지 않는 게 좋다!"라는 말이 있다. 이 말은 어떤 공공선택 학자의 선거에 대한 관점을 나타내는 데 아주 적합하다. 투표의 목적은 많은 사람들의 의견을 어떻게 해서든지 '하나의 집합적 결정'으로 전환시키기 위한 것이다. 그러나 최종적으로 나타나는 결정은 어떤 선거제도가 채택되느냐에 크게 의존한다. 또한 모든 선거제도들은 예상치 못한 뜻밖의 결과들을 가져다주기도 한다. 즉, 선거제도가 어떻게 작동되는지에 대한 기계적 측면에서 뿐만 아니라 투표자들과 후보자들이 행동하는 방식에 어떻게 영향을 미치는지와 관련해서 독특한 특징을 가지고 있다. '정치적 과정'(또는 선거제도)은 솔직히 그렇게 멋진 제도는 아닌 것 같다. 왜냐하면 정치적 과정으로부터 유도되는 최종 결정이 종종 사람들이 실제로 원하는 것을 훨씬 왜곡시켜서 반영하기 때문이다.

투표 역설의 발생

일찍이 콩도르세Condorcet는 "일부 선거제도는 하나의 분명한 결과가 아니라 어떠한 결과도 초래될 수 있다"고 지적하였다. 예를 들어, 가위-바위-보를 하는 놀이를 생각해보자. 이 놀이에서 바위는 보에 지고(보가 승리함), 보는 가위에 지고(가위가 승리함), 가위는 바위에 지게(바위가 승리함) 된다. 따라서 이 게임에서 최종 결과는 선거가 어떻게 진행되느냐에 달려 있다. 우리는 투표 안건이 진행되는 순서order를 결정하는 사람[예를 들면, 의회에서 여러 옵션(선택안)들 중에서 하나를 선택하는 어떤 위원회의 장]을 '의제 설정자'agenda setter(또는 '안건 설정자')라 부른다. 이 '의제 설정자'는 다른 사람들이 무엇을 원하든 상관없이 그(또는 그녀) 자신의 선호가 채택되도록 하기 위하여 투표가 진행되는 순서를 마음대로 조작造作할 수 있다.

오래 전 블랙Duncan Black이 계산한 바에 따르면 ① 제안된 옵션(선택안)의 수가 많을수록, ② 투표에 참가하는 사람들의 수가 많을수록 이러한 순환적인cycling 투표 역설은 더 심해진다. 이러한 블랙의 주장은 오늘날의 대규모적이고 복잡한 정치제도에서 특히 중요하다. 블랙의 이러한 계산은 최근의 연구에서도 입증되고 있다.

예를 들면, 이러한 투표 역설 현상은 실제로 미국 대통령 선거에서 매우 중요하다. 미 대통령 선거의 경우 후보자들은 일련의 예비 선거primary election를 통해 2~3명으로 압축된다. 또한 프랑스 대통령 선거에서도 투표역설 현상이 목격된다. 프랑스 대통령 선거의 경우 1차 투표를 통과한 주요 후보자들이 2차 결선투표run off에 들어간다. 예를 들면, 2002년 대통령 선거에서 프랑스 '국민전선'National Front의 당수인 르팽Jean-Marie Le Pen 후보는 16명의 후보자가 난립한 1차 투표에서 근소한 차이로 2위를 기록했으나, 결선투표에서는 '시락Jacques Chirac 후보'에게 압도적인 차이로 패배하였다. 그래서 당시 시락 후보가 프랑스 대통령으로 당선되었다. 반면에 사회당 후보는 1차 투표에서 근소한 차이로 3위를 기록했으나 이로 인해 2차 결선투표에 나가지 못하게 되었다. 만약 프랑스의 투표제도가 이와 달랐다면 완전히 다른 투표 결과가 초래되었을 것이다. 이를 알아보기 위해 다음을 가정해보자. 만약 당시 프랑스 선거에서 좌파 후보자들의 수가 좀 더 적었다면 사회당은 1차 투표에서 '국민사회당'(즉, 국민전선) 후보인 르펭을 누르고 2위가 되었을 것이다. 그러면 국민 전선을 지지한 유권자들은 결선투표에서 우파인 시락 후보가 아니라 사회당 후보에게 찬성표를 던졌을 것이고, 그 결과 시락 후보가 아니라 '사회당 후보'가 대통령으로 당선되었을 것이다. 이는 앞의 경우(시락 후보가 대통령으로 당선된 경우)와 완전히 다른 결과이다.

제3정당들은 종종 투표역설에 대해 불평을 토로하곤 한다. 예를 들면, 영국의 '자유민주당'Liberal Democrat은 양당 선거에서 과반수의 의석을 획득할 수도 있다. 왜냐하면 노동당 지지자들은 보수당보다는 차라리 '자유민주당'을 선택(지지)할 것이고, 보수당 지지자들은 노동당보다는 차라리 '자유민주당'을 선택할 것이기 때문이다. 그 결과 자유민주당이 총선거에서 과반수 의석을 확보할 수 있을 것이다. 그러나 영국에서 실제로 일어나는 것처럼 세 정당들이 경쟁할 때 자유민주당은 일반적으로 3위로 뒤처지게 된다.

기타 투표제도들

공공선택 이론의 대부분의 초기 연구들은 미국과 영국에서 유행하는 "선거에서 한 사람만 선택하고, 가장 많은 표를 얻은 사람이 당선되는 First-Past-The-Post(다른 후보자와 비교하여 득표수가 많은 사람을 당선자로 하는) 투표제도"[이를 일반적으로 '**최다득표제**'(plurality rule)라 부름]에 초점을 맞추고 있었다. 이러한 제도하에서 국가는 지역구(선거구)를 지리적으로 구분한다. 각 지역구에서 여러 명의 후보자들이 출마하여 경쟁하고, 가장 많은 표를 얻은 후보자가 지역구를 대표하는 의원으로 선출된다. 그러나 이것은 당선된 후보자가 과반수의 득표를 얻었다는 것을 의미하지는 않는다. 종종 표가 많은 후보자들 사이에 분할된다면 최종 승자(당선자)는 단지 소수의 득표만으로도 당선될 수 있다.

이러한 염려와 단점 때문에 많은 다른 국가들은 '**비례대표제**'Proportional Representation를 채택하기에 이르렀다. 비례대표제는 유럽의 대륙 국가들에서 유행하고 있다. 비례대표제를 채택하는 많은 국가들에 있어서 정당들은 그들이 선호하는 후보자들의 리스트(명부)를 작성하고, 유권자들은 후보자 개인이 아니라 자신이 선호하는 '정당'에 찬성표를 던진다. 그런 연후에 선거에서 각 정당이 얻은 득표수에 따라 정당 간에 '의석수'가 배분된다. 그 결과 소수당의 후보자들이 의회에서 좀 더 공평하게 대표될 수 있다. 그러나 비례대표제는 또한 후보자 명부를 작성하는 당 대표자들(당수 및 주요 간부들)의 손에 커다란 힘이 주어지게 되며, 그 결과 그들은 단일 의원 선출제도의 경우보다 의사일정에 대해 더 큰 영향력을 행사할 수 있다. 반면에 단일 지역구 의원을 뽑는 정치제도의 경우 의원들은 지역구 유권자들에게 더욱 충실(충성)하게 된다.

비례대표제는 또 다른 문제를 가지고 있다. 비례대표제하에서 종종

'소수당 정부'minority government 또는 '연립 정부'coalition government가 출현하곤 한다. 소수당 또는 연립 정부는 정책결정 시 몇몇 정당들 간에 '타협'을 필요로 한다. 그 결과 연립 정부 내에서 어느 누구도 실제로 찬성하지 않는 '혼합hybrid 정책 프로그램'을 선택하게 된다. 이와 똑같은 비판이 **'선택투표제'**Alternative Vote system에 대해서도 가해질 수 있다. '선택 투표제'란 지역구 당 한 사람만이 선출되지만, 투표자들은 후보자들을 자신들의 선호에 따라 등위rank를 매기게 된다. 선택투표제가 실시되는 절차는 다음과 같다. 첫째, 투표 후 가장 낮은 등위의 후보자를 투표 대상에서 제거한다. 둘째, 가장 낮은 등위의 후보자가 얻은 득표수를 2위를 기록한 후보자에게 할당한다. 그 결과, 이 후보자가 과반수를 얻으면 이 사람이 최종적으로 선출된다. 이러한 과정은 과반수를 획득하는 후보자가 나타날 때까지 계속된다. 그 결과, 최종 선출되는 후보자는 50%에 약간 미달하지만 유권자들로부터 강력한 지지를 받는 후보자보다 '50%를 약간 넘으며 가장 결점이 적은 후보자'가 될 것이다. 선택투표제AV와 최다득표제FPTP는 각각 다른 결과를 초래하지만 어느 제도가 더 낫다고 분명히 말할 수는 없다.

합리적 무지

유권자의 입장에서 '투표 행위'를 하려면 후보자를 알아보는 데 약간의 시간이 소요되고 노력이 필요하다. 투표 행위에는 투표소에 가서 투표 용지에 도장을 찍는 데 약간의 시간과 노력이 들 것이다. 또한 공정한 선택에 필요한 후보자들과 그들이 공약하는 정책에 대해 알아보는 데 훨씬 더 많은 시간과 노력이 필요할 것이다.

선거에서 주요 쟁점이 무엇인가에 따라 이러한 시간과 노력들은 유권자들에게 잠재적으로 커다란 일(부담)이 될 것이다. 이러한 과정을 거친 후, 결국 유권자들은 다음 4~5년 동안 국가 경제의 절반을 책임지고 운영할 하나의 집권 정당과 정부를 선택하게 된다. 이와 같이 투표 행위는 국가적으로나 개인적으로나 매우 중요한 일이다. 따라서 어느 후보자(또는 정당)에게 "다음 5년 동안 국가 운영과 관련하여 독점권(독점운영권)을 제공해주어야 하는지"의 문제에 대해 유권자들은 많은 심사숙고와 면밀한 검토를 해보아야만 하며, 또 그럴 가치가 충분히 있다. 좀 더 구체적으로 보면 선거는 다음 5년 동안 정부와 집권 여당에 대해 국방, 교육, 복지, 치안, 의료 등의 생산에 대한 독점운영권을 제공해줄 뿐만 아니라 산업, 금융, 수송, 공공안전 등에 대한 규제에 대해서도 독점권을 부여해주는 국가의 중대사이다.

그러나 어느 한 유권자의 선택이 선거결과에 큰 영향을 주지는 못할 것이다. 심지어 자신들의 한 표가 투표결과에 큰 영향을 준다고 하더라도 유권자들은 자신의 한 표를 효과적으로 던지지 못할 수도 있다. 예를 들면, 영국에서 어느 정직한 투표자가 패배 가능성이 높은 노동당 후보자에게 한 표를 던짐으로써 이 후보자가 싫어하는 보수당 후보자를 낙선시킬 수 있는 기회를 잃게 만들 수 있다. 왜냐하면 이 후보자가 자신의 한 표를 패배가 예상된 노동당 후보자에게 던지지 않고 당선이 유력한 자유민주당 후보자에게 던졌다면 이 표는 자신이 싫어하는 보수당 후보자를 낙선(패배)시키는 데 기여했을 것이기 때문이다. 이 사례는 유권자의 한 표가 선거에서 중요한 역할을 하지만 효과적으로 사용되지 못하는 경우를 보여준다.

또한 투표자(유권자)들은 또 다른 유형의 불확실성에 직면할 수 있다.

물론 시장에서도 불확실성이 존재한다. 예를 들면, 시장에서 가격이 항상 투명한 것은 아니며, 제품의 질도 항상 분명한 것은 아니다. 이와 같이 시장에서 제품의 가격과 품질도 종종 불확실하다. 그러나 일반적으로 말하면 여러분들이 커피 한 잔을 사 마신다고 한다면 여러분들은 커피 한 잔의 값이 얼마인지 알고 있고, 그 대가로 무엇을 얻는지 잘 알고 있다. 또한 만약 여러분들이 혼자서 모든 비용을 지불한다면 여러분들은 혼자서 모든 혜택을 얻을 것이다. 그러나 정치(또는 정치시장)에서는 비용과 혜택이 많은 사람들 간에 널리 퍼지게 된다. 만약 여러분들이 공공 보건과 같은 하나의 특정 프로그램(정책)에 찬성투표한다면 여러분들은 이 프로그램이 자신들에게 얼마의 비용을 부담시킬지, 또는 자신들에게 얼마의 혜택을 가져다줄지에 대해 반드시 알 필요가 없을 것이다. 또한 만약 여러분들이 더 나은 직업을 구해서 더 많은 월급을 받아 더 높은 과세등급 구간tax bracket으로 이동한다면 여러분들은 더 많은 세금을 내게 될 것이라는 것을 알게 된다. 그러나 여러분들은 자신이 내는 세금으로부터 얼마의 혜택을 받을지는 알지 못한다. 만약 여러분들이 매우 건강하다면 (여러분들이 내는 세금에 의해 공급되는) 의료서비스 혜택을 전혀 받지 못할 수도 있다. 이와 같이 정치시장에서는 비용과 혜택 간의 관계가 분명하지 못하다.

비용과 혜택에 대한 이러한 불확실성 때문에, 그리고 여러분들의 투표가 선거결과에 실질적인 영향을 미칠 가능성이 아주 미미하기 때문에 **'합리적 무지'**rational ignorance라는 문제가 발생한다. '합리적 무지'라는 개념은 미국의 정치학자인 다운즈Anthony Downs에 의해 제시되었다. 이 개념이 민주주의 지지자들에게는 불쾌한 표현일 수 있지만 유권자들에게는 논리적으로 아주 옳다고 할 수 있다. 왜냐하면 유권자들은 선거에 입후보한 후보자들과 그들의 정책들에 대해 잘 알아보기well informed 위해 그들의 귀중한 시간과 노력을 투자할 만한 가치가 없다고 생각하기 때문이다.

투표 동기: 사람들은 왜 투표하는가?

그럼에도 불구하고 '합리적 사람들은 왜 수고롭게 투표에 참가하는지'는 분명하지 않다. 아마 사람들은 자신의 투표 효과가 미미할지라도 '의무감으로' 투표에 참가하려고 할 것이다. 마치 우리들이 좋아하는 미식 축구팀을 위해 열렬한 응원을 보내는 것과 같이 우리들은 시민의 의무감으로 투표에 참가해야 한다고 느낄지도 모른다. 그러나 사실은 "많은 사람들이 실제로 투표한다!"는 점이다. 왜 사람들은 투표하는가? 공공선택 연구자들은 "사람들은 투표가 자신들의 이익을 증진시켜 줄 것이라고 생각하기 때문에 투표에 참가한다"고 주장한다.

한편 정당을 경영(관리)하는 사람들도 그들 자신의 이익을 추구한다. 블랙D. Black과 다운즈 Downs와 같은 초기 공공선택 연구자들에 따르면 정당을 경영하는 사람들의 목적은 "표들을 모아서 자신의 정당이 집권하는 데 있다"(이를 '득표 극대화 목표'라 부름)라고 주장하였다. 득표 극대화 목표는 그들이 추구하는 권력과 지위의 원천이다. 이러한 '**투표 동기**'vote motive('득표 극대화 동기')는 자신들의 정치적 위치설정political positioning을 구체화해주는 데 기여한다. 이러한 이유로 인해 그들은 자신들의 정책이 옳다고 생각해서가 아니라 오직 선거에서 이기기 위한 정책들을 고안하고 선택한다. 따라서 정당을 경영하는 사람들은 득표 극대화를 통해 집권할 목적으로 자신들의 정치적 위치를 설정하고, 또 그에 맞는 정책들을 선택하게 된다.

이 견해에는 틀림없이 더 많은 내용들이 있다. 우리는 정당들이 오직 여론조사의 힘에 좌우되어 정책을 개발하고 채택하는 것을 수없이 목격해왔다. 그러나 최근의 공공선택 연구자들의 주장에 의하면 정당들이 하나의 정책에서 다른 정책으로 자유로이 전환 또는 이동하지 못한다고 지적한다. 왜냐하면 정당들은 자신들이 추구하는 이념에 따라 정책을 제안하기 때문이다. 대개 정당들은 어떤 뚜렷한 정치적 이념ideology을 가지고 있고, 그러한 이념과 세계관에 대체로 부합하는 정책들을 채택하기 마련이다. 실제로 정당들은 선거에서의 즉각적인 이익을 얻기 위하여 그들의 원칙이나 정책을 갑자기 포기한다면 시민들로부터 신뢰성을 상실하게 될 것이다. 정당들이 가지는 '이념적 위치' 그 자체가 표를 모으는 vote-gathering 하나의 득표 수단이 될 수 있다. 예를 들면, 만약 투표자들이 실제로 '합리적으로 무지하다면'rationally ignorant 정당들은 그저 눈에 띄는 중심 구호label나 접근만으로도 유권자들을 유인할 수 있을 것이다. 정당이 선전하는 중심 구호가 눈에 확 띈다면 심지어 무지無智한 투표자들도 이를 알아보고 지지를 보낼 것이다.

중간으로의 표류漂流: 중위투표자 이론

블랙D. Black이 최초에 주장한 또 하나의 점은 "득표를 추구하는 vote-seeking 정당들은 중간 지점middle ground[즉, 중도(中道)]에 위치하려고 애쓸 것"이라는 점이다. 이를 블랙의 '**중위투표자 정리**'median voter theorem라고 부른다.

우리는 '국방에 얼마를 지출해야 하는가?'라는 이슈에 대해 고려해 보자. 공공선택 연구자들은 이러한 하나의 이슈를 "1차원적 이슈"one-dimensional issue라고 부른다. 이 경우 사람들의 선택을 하나의 단일 눈금scale 위의 어떤 한 곳에 위치시킬 수 있다. 예를 들면, 사람들의 선택을 0과 1 사이에 있는 어떤 눈금(지점)에 가져다 놓을 수 있다.

몇몇 사람들은 "우리는 국방에 한 푼도 쓰지 말아야 한다"고 말할지도 모른다. 다른 몇몇 사람들은 "국방에 현재보다 더 많은 돈을 지출해야 한다"고 말할 것이다. 그러나 정규분포를 나타내는 종 모양처럼 대부분의 사람들의 의견은 중간에 위치한 어떤 점 주위에 모여 있을 것이다. 전문 용어를 사용한다면 "사람들의 선호가 '단일 정점'single peaked[정점(頂點)이 한 개만 존재하는 경우를 말함. 이를 봉우리가 하나뿐인 '단봉형(單峰形) 선호'라고도 함]을 가지고 있다"라고 한다. 이와 같이 정규분포상 한가운데(중간)에는 더 많은 유권자들이 분포되어 있다. 게다가 만약 어느 정당이 유권자들이 많이 모여 있는 중간 가까이로 자신의 정책을 가져다 놓는다면 양끝의 어느 한쪽에 있는 유권자들을 자기 쪽으로 유인할 수 있을 것이다. 따라서 분포상 양극단에 위치해 있는 어떤 정당의 '합리적 투표 모으기 전략'rational vote-gathering strategy은 중간으로 이동하는 것이다. 왜냐하면 그 정당보다 더 극단에 있는 지지자들은 그 정당을 지지할 것이며, 동시에 한가운데에 위치한 다수의 중도적인 투표자들의 일부를 자기 쪽으로 유인할 수 있기 때문이다. 사실상 어떤 정당이 한가운데로(중앙으로) 더 가까이 이동해 갈수록 중간에서 더 멀리 떨어져 있는 다른 정당에 비해 더 큰 이익(즉, 유권자로부터 더 많은 지지)을 얻을 것이다.

블랙D. Black에 따르면 이러한 결과 "모든 정당들은 여론(유권자들의 의견)의 한가운데로 수렴하며, 자신들의 위치(정강정책)를 분포상 한가운데에 위치해 있는 '중위투표자'median voter 가까이에 위치시키려 한다"라고 주장하였다. 이러한 블랙의 견해에는 그 속에 상당한 진실이 내포되어 있다. 미국과 영국의 투표자들은 종종 정당이 제시하는 정책과 관련하여 "정당들 간에 차이가 없다"라고 불평하곤 한다. 그럼에도 불구하고 이러한 단순한 아이디어는 다음의 여러 가지 이유로 최근 일반 경제학계로부터 많은 도전을 받아왔으며, 또 크게 버림받아 왔다.

첫째, 중위투표자 정리는 '이산적이고, 1차원적이고, 단일 정점을 가진 이슈'에 대해서는 적용될 수 있다. 그러나 '다수의, 복잡하고, 상호 연관되어 있는 이슈들'에 대해서는 적용될 수 없다. 왜냐하면 후자의 경우에 투표자의 의견이 하나에 집중되지 않고 많은 '정점들' 간에 분산될 수 있기 때문이다. 또한 중위투표자 정리에서는 정당들과 투표자들에 대해 다음을 가정하고 있다. 우선, 정당들은 ① 투표자들이 무엇을 생각하는지 잘 알고 있으며, ② 득표하기 위하여 자신들의 위치(정책)를 기꺼이 그리고 신속하게 이동할 것이다. 다음으로, 투표자들은 ① 정당들의 위치 이동(즉, 새로운 정책)에 대해 잘 알고 있으며 그에 따라 투표하며, ② 정당들은 자신들이 새로이 약속한 정책들을 집권 후 반드시 이행할 것이다(이는 좀 더 정확히 말하면, 정당들은 집권 후 그들이 선거 전에 약속한 정책들을 이행한다)라고 믿는다. 즉, 중위투표자 정리가 성립되려면 이와 같은 가정들이 필요하다.

둘째, 현실은 이론보다 더 복잡하다. 현실적으로는 선거에서 두 개의 주요 이슈들이 있고, 세 개의 정당들이 경쟁한다. 그러면 정당들의 '위치설정 기하학'positioning geometry은 훨씬 더 복잡해진다. 이 경우에 어느 한 정당이 분포 상 중앙으로부터 벌어지더라도(비록 너무 멀리 벌어지지는 않는다 할지라도) 나머지 두 정당의 일부 지지자들로부터 '귀중한' 지지를 얻을 수 있다. 이와 같이 세 개의 정당이 존재하는 경우 '정당 간에 커다란 차이'가 존재한다는 것을 알 수 있다.

그러나 이것 또한 현실을 지나치게 단순화시키고 있다. 실제적으로 정당 그 자체는 서로 이질적이고 경쟁적인 이익들을 가진 활동가들의 연합체이다. 그 결과, 정당들이 대중들에게 제시하는 정책 꾸러미policy package에는 인기 있는popular 정책들뿐만 아니라 인기 없는unpopular 정책들도 함께 포함되어 있다. 따라서 투표자들은 이들 사이에 끼어 지지정당을 선택하는 데 망설이게 된다. 중위투표자 정리 속에는 우리가 받아들일 만한 상당한 진리가 들어 있지만 '현실 정치'real politics는 그야말로 이보다 더 복잡한 것 같다.

합리적 투표자에 대한 미신

비록 정당들이 블랙D. Black과 초기 공공선택 연구자들이 묘사한 바와 같이 선거에서 당선만 노리는 기회주의적인 투표 채집자들vote chasers은 아니지만 그렇다고 해서 우리가 정치적 과정에 대해 너무 낙관적인 태도를 가지는 것은 여전히 현명치 못한 처사인 것 같다. 그러나 2007년, 미국의 신예 경제학자인 캐플란Bryan Caplan 교수는 기존의 일반적인(전통적인) 견해에 새로운 도전장을 내밀었다.* 전통적인 공공선택론에 따르면 "투표자들은 '사리 분별력이 있는(즉, 합리적인) 사람들'로서 선거에서 책임감 있게 그들의 표를 던진다"고 여겨지고 있다. 과연 투표자들은 합리적으로 행동하는가? 이에 대한 대답으로 캐플란 교수는 투표자들은 그들이 가지는 몇 가지 편향성 때문에 "합리적으로 행동하지 않는다"고 주장한다. 특히 캐플란 교수는 투표자들은 많은 '비합리적인 편향성들'irrational biases을 가지고 있다고 주장하였다. '비합리적인 편향성'이란 투표자들이 쉽게 빠질 수 있는 것으로 "어떤 손실이 자신들에게 돌아오지 않고 모든 사람들에게 돌아갈 것"이라고 생각하기 때문에 발생하는 현상을 말한다. 캐플란은 투표자들이 가지는 이러한 비합리적인 편향성들로 다음 네

* 역자 주: Caplan, Bryan, *The Myth of Rational Voter*, Princeton University Press, 2007. 이 책은 이현우·김행범·황수연·이성규, 《합리적 투표자에 대한 미신》(북코리아, 2007)이라는 제목으로 국내에 번역됨.

가지를 제시하였다.

첫 번째로 투표자들은 무엇보다도 '일자리 상실', 즉 실업을 매우 싫어하는 편향성을 가지고 있다. 그래서 그들은 농업부문과 다른 산업들에 대한 보조금 지급에 대해 찬성한다. 그러나 투표자들은 기술진보와 생산성 향상으로 특정 부문의 일자리는 감소되지만 그로 인해 절약된 노동력이 다른 곳에서 더 효율적으로 사용될 수 있다는 사실을 망각하게 된다. 모든 투표자들이 훌륭한 경제학자는 아닐 것이다. 그러므로 투표자들은 '좋은' 경제정책과 '나쁜' 경제정책이 가지는 이차적인 효과를 잘 이해하지 못할 것이다. 캐플란이 언급했듯이 두 번째로 투표자들은 외국인들을 혐오하는 편향성을 가지고 있다. 즉, 투표자들은 자유무역의 혜택을 환영하는 대신에 외국인들(외국노동자들 및 이민자들)을 국내 일자리 감소를 위협하는 존재로 인식하는 경향이 있다. 세 번째로 투표자들은 경제에서 발생하는 여러 문제들을 과장(과대평가)하는 편향성을 가지고 있다. 다시 말하면, 투표자들은 장기적으로 경제 사정이 대체로 더 좋아질 것이라는 것을 인식하지 못한다. 네 번째로 투표자들은 시장기구가 가져다주는 혜택을 과소평가하고, 정치적 발의political initiative의 효과를 과대평가하는 편향성을 가지고 있다.*

따라서 우리들은 그동안 공공선택 연구자들이 염려한 '정부실패'와 함께 **'민주주의의 실패'**democratic failure에 대해서도 심각하게 검토해보아야 한다. 곧 알게 되겠지만 다음의 여러 요인들 때문에 정부의 각종 결정들은 분명히 왜곡될 수 있다. 즉, ① 투표제도 때문에 정부의 결정들이 왜곡될 수 있고, ② 정치인들과 관료들의 사익私益추구 때문에 정부의 결정

* 발의(發議)란 '회의에서 심의할 의안을 내 놓는 것'을 말한다. 반면에 발의(發意)란 '의견을 내놓거나 무슨 일을 생각해 내는 것'을 말함. 따라서 Political initiative는 '정치적 발의(發意)' 또는 '정치적 창의력'이라 한다. 참고로 Ballot initiative는 '국민발의(發議)', 또는 '국민투표 회부'라 한다.

이 왜곡될 수 있고, ③ 잘 조직화된 이익집단들이 공개적 토론을 지배하기 때문에 정부의 결정이 왜곡될 수 있다. 그러나 비록 ① 투표제도가 여론을 효과적으로 반영한다고 할지라도, 그리고 ② 정치인들과 관료들이 대중들의 소망과 요청을 충실하게 이행한다고 할지라도 그들의 공공 행동의 결과는 여전히 '비합리적'일 것이다. 왜냐하면 투표자들이 비합리적이기 때문이다. 여기에는 여러 다른 이론들이 있지만 모든 이론들은 다음과 같이 똑같은 방향으로 결론이 난다. 즉, "정부는 소위 '시장실패'라는 것을 해결(교정)하는 데 결코 적합하지 않다"는 것이다. 정치인들과 관료들은 무엇이 잘 되어가는지, 또 무엇이 이루어져야 하는지 — 예를 들면, '손실을 발생시키는 기업은 문을 닫아야 한다'와 같이 — 에 대해 아주 잘 알 수 있다. 그러나 정치인들과 관료들은 여전히 투표자들의 비합리적인 편향성을 인정하고 있다는 것을 알게 되고, 또 비효과적이거나 비생산적인 일들을 하고 있다는 것을 깨닫게 된다. 특히 후자에 대한 한 예를 들면 정치인들과 관료들은 손실이나 적자를 발생시키는 산업들에 대해 여전히 보조금을 지급하는 경우를 들 수 있다. 이 절의 서두에서 "만약 당신이 법률이나 소시지를 좋아한다면 당신은 이들이 어떻게 만들어지는가를 결코 보지 않는 게 좋다!"라고 언급한 적이 있다. 이제까지 설명했듯이 소시지를 만드는 것처럼 법률을 만드는 일들도 '추악한' 일인 것 같다.

5장

소수자들에 의한 폭정

집중화된(응집된) 이익과 널리 분산된 이익:
소규모 집단 대 대규모 집단

이익집단의 정치학

조직의 문제들과 대규모 조직에 있어서의 '무임승차자' 문제

소수자들 간의 연합 결성:
집단의 크기는 어느 정도가 좋은가?

연합들의 행위

연합에서 투표거래로 발전

시장에서의 거래는 '자발적'으로 이루어진다. 즉, 거래의 양 당사자들은 거래 조건에 만족하지 않으면 매매 거래를 하지 않을 수 있다. 그러나 정치(정치행위)는 '강제적'이다. 즉, 일단 집단적 의사결정 collective decision이 이루어지면 그것이 비록 불만이더라도 모든 사람들은 그것을 따라야 한다. 또한 집단적으로 결정된 합의를 회피하려 한다면 — 예를 들면, 자신에게 부과된 세금을 내지 않으려 한다면 — 국가는 공권력을 사용하여 그것을 강제적으로 이행(집행)할 수 있다.

강제력과 강제력을 사용하겠다는 위협은 대의명분이 아무리 정당하다고 하더라도 결코 바람직하지 않다. 그러나 민주주의 사회에서 '강제력'의 사용뿐만 아니라 이보다 더 큰 문제는 '다수결 원칙' 그 자체에 있다. 다수결 규칙majority rule의 훨씬 더 불안한 특징은 다수자들이 자신들의 힘을 사용하여 소수자들을 매우 부당하게 강제할 수 있다는 점이다. 예를 들면, 다수자들이 소수자들에게 높은 세금을 부과하거나 그들의 자유를 강제적으로 빼앗을 수 있다. 이러한 행위들은 모두 국가의 권력(강제력 또는 공권력)에 의해 이루어진다.

그러나 실제로 현실은 이러한 '한 마리의 양과 두 마리의 늑대'a sheep

and two wolves*라는 문제보다 훨씬 더 혼란스럽다. 왜냐하면 다수결 투표제하에서 다수자들이 소수자들을 착취할 수 있을 뿐만 아니라 소수자들도 다수자들을 착취할 수 있기 때문이다. 다수결 투표제하에서 '소규모 조직화된 소수자들'small and organized minorities이 단결하여(이익집단을 결성하여) 그들의 주장이나 결의를 '대규모적이지만 조직화되지 않은 다수자들'large and unorganized majorities에게 강요할 수 있다. 이러한 현상은 의회 대표자들(의원들)을 뽑는 선거에서 특히 두드러지게 나타난다. 왜 이러한 현상이 발생하는가?

집중화된(응집된) 이익과 널리 분산된 이익: 소규모 집단 대 대규모 집단

오래 전부터 "특수이익집단들special interest groups은 그들 자신의 이익들을 추구하기 위하여 강렬하게 활동을 벌인다"고 여겨져 왔다. 그러나 올슨Mancur Olson 교수와 라이커William H. Riker 교수는 이러한 현상을 공공선택이론(공공선택경제학)의 주요 원리들을 적용함으로써 이전보다 훨씬 더 심도 있게 연구할 수 있었다.

이를 위해 공공선택이론의 가정假定으로 되돌아 가보자. 전통적인 공공선택이론은 "특수이익집단의 회원(구성원)들 — 예를 들면, 토마토 재배업자들 또는 오페라 극장 등 — 은 그들의 공동 이익을 보호하고 증진

* 역자 주: 이것은 벤자민 프랭클린(Benjamin Franklin)이 말한 "민주주의는 두 마리의 늑대와 한 마리의 작은 양이 저녁으로 무엇을 먹을까 투표하는 것이다"(Democracy is two wolves and a small lamb voting on what to have for dinner)에서 나온 표현이다.

시키려 한다"고 가정하고 있다. 올슨 교수는 "특수이익집단들은 자신들을 정치적으로 조직화하려는 강력한 유인을 가지고 있다"고 주장하였다. 우선, 집단적 결정들이 그들에게 유리하다면 그들은 커다란 이익을 얻는다. (그러나 집단적 결정들이 그들에게 불리하다면 그들은 커다란 손해를 보게 된다.) 다음으로 그들은 소규모적이고 동질적이기 때문에 비교적 조직화하기(조직을 결성하기) 쉽다.

반면에 대규모 집단들 — 예를 들면, 소비자들이나 납세자들 — 의 경우는 이와 반대이다. 대규모 집단들은 그들의 에너지를 캠페인 활동에 헌신할 유인을 거의 가지고 있지 않다. 대규모 집단들에는 구성원들의 수가 많기 때문에 집합적 결정들이 각 개인(구성원)들에게 미치는 영향은 광범위하게 퍼져 있을 뿐만 아니라 매우 작다. 그 결과 집합적 결정이 각 개인들에게 가져다주는 혜택이 매우 작다. 또한 대규모 집단 내 구성원들은 가지각색이고 이질적이기 때문에 조직화하기(조직을 결성하기) 어렵다. 따라서 대규모 집단 내 많은 사람들은 그들이 공동으로 하는 로비 노력에 자신이 큰 기여를 하지 못할 것이라는 것을 알게 될 것이다.

그 결과 "'집중화된(응집된) 이익concentrated interests을 가진 소규모 집단들'은 집단적 의사결정 과정에서 '분산된 이익diffused interests을 가진 대규모 집단들'보다 훨씬 더 활동적 · 적극적이고 또 효과적인 참여자가 될 것"이라는 사실이다. 예를 들면, 외국으로부터의 토마토 수입금지 조치는 '국내 토마토 재배업자들'(소규모 이익집단)에게 자신들의 사활이 걸린 아주 예민한 문제이지만 소비자들(대규모 집단)에게는 선택 기회의 상실이라는 아주 작은 손실만 가져다줄 뿐이다. 또한 오페라하우스에 대한 보조금 지급은 오페라하우스(소규모 이익집단)의 수입收入을 두 배로 증가시켜주지만, 납세자들(대규모 집단)의 세금 고지서에는 아주 작은 금액만 추가로 더해질 것이다.

그러나 작은 금액이 쌓이면 큰 금액이 되는 법이다. 소수자 이익을 대표하는 수많은 이익집단들이 대규모 다수자들을 희생시키면서 자신들만의 특별 혜택을 얻기 위해 캠페인에 열중함으로써 우리가(사회가) 실제로 원하는 것보다 더 많은 규제들, 더 많은 보조금들, 더 높은 세금들, 그리고 더 큰 정부가 초래되고 있다. 이러한 결과들은 현실에서 이익집단들의 활발한 활동에 비추어 볼 때 결코 놀랄 일이 아니다. 이것은 우리가 '정치적 과정'에 대해 비관적 태도를 가지기에 또 하나의 좋은 이유가 될 수 있다.

이익집단의 정치학

로비집단들은 그들의 특수이익들이 투표에 참가하는 일반 대중들이나 이들을 대표하는 정치인들과 거의 어떠한 마찰을 일으키지 않는다는 것을 알고 있다. 그래서 로비집단들은 종종 그들의 요구사항들을 '공공이익'이라는 언어로 치장하곤 한다. 예를 들면, 토마토 재배업자들은 토마토 수입금지가 해외로부터의 저질 또는 병든 토마토로부터 시민들을 안전하게 보호해줄 뿐만 아니라 국내 농업부문의 고용과 번창을 촉진시켜 준다고 주장할 것이다. 또한 오페라 극장들은 오페라 문화의 번창은 우리들의 정신을 앙양昻揚시켜 줄 뿐만 아니라 우리나라가 여행객들로부터 더욱 매력적인 장소가 되도록 도와줄 것이라고 주장할 것이다.

이미 1776년에 애담 스미스Adam Smith는 우리는 그러한 주장들을 '가장 면밀하고, 또 가장 주의 깊게' 검토해보아야 한다고 조언한 바 있다. 그럼에도 불구하고 소규모 로비집단들은 공개적 토론에서 과도하게 큰 목소리를 내고 있고, 또 대부분의 다른 사람들에 비해 특정 이슈에 대해 더 나은 정보를 가지고 있다. 이러한 사실들은 정치인들이 로비집단들의 주장에 대해 과도한(특별한) 관심과 배려를 해주고 있으며, 또 비록 다수자들에게 피해를 주지 않을지라도 그들의 요구사항들에 쉽게 굴복한다는 것을 의미한다. 실제로 이익집단들은 로비자금을 조달하기 위한 강한 유인(동기)을 가지고 있다. 이익집단들은 그렇게 조달된 로비자금을 가지고 자신들을 지지해주는 정치인들에 대해 유혹과 로비를 목적으로 캠페인(선거) 기부금을 내려고 한다. 공공선택 이론이 우리들에게 깨우쳐 주는 바에 따르면 '정치인들도 그들 자신의 이익을 가지고 있다'는 점이다. 이것은 왜 대의代議민주주의 제도가 일반적으로 아주 소규모 이익집단들의 활동에 의해 쉽게 지배되는지에 대한 하나의 분명한 이유이기도 하다.

그러나 대중들의 캠페인이 아무리 크게 이루어진다고 하더라도 '실제 로비활동'은 밀실에서 비밀리에 이루어진다. 올슨M. Olson 교수가 주장했듯이 이러한 로비과정의 불투명한 특성은 로비스트들과 정치인들에게만 이로울 것이다. 이들은 비밀스럽게 이루어지는 로비를 통해 자신들의 상호 지지를 은밀히 거래하고 교환할 수 있다. 이 과정에서 기반이 확고한 기존의 로비집단들과 현직 정치인들이 가장 큰 이익을 얻는다. 그러나 그러한 과정은 소비자들과 납세자들에게는 절대적으로 불리하며, 그 결과 그들의 이익을 감소시키는 결과를 초래한다. 왜냐하면 소비자들과 납세자들의 이익들은 은밀하게 진행되는 비공식적인 논의들에서는 결코 대변되지 않기 때문이다.

조직의 문제들과 대규모 조직에 있어서의 '무임승차자' 문제

아주 소규모적인 이익집단들에 소속되어 있는 회원들은 서로들 간에 매우 유사한 이익들을 가지고 있으며, 그 결과 이들을 조직화(이익집단을 결성)하는 일은 아주 쉬울 것이다. 그러나 이들 이익집단들에는 아주 소수의 회원들만 가입되어 있기 때문에 행정적 지원과 홍보 관련 전문지식을 얻는 네 필요한 충분한 활동(캠페인) 자금을 조달할 수 있을 것이다. 그 결과 이들은 조달된 막대한 자금을 이용하여 효과적으로 로비할 수 있을 뿐만 아니라 그들의 의견을 적극적으로 주장할 수 있다.

반면에 대규모 집단들은 자금을 조달하고 활동가들을 이끌어내기 위한 많은 회원들의 풀pool을 확보하고 있지만, 여기에는 치명적으로 '무임승차'free riding 문제가 발생한다. 무임승차 문제는 집단의 크기가 클수록 더 커진다. 즉, 대규모 집단에 소속된 회원들은 로비자금 납부와 캠페인 활동업무를 자신들이 자발적으로 하지 않고 다른 사람(회원)들에게 떠넘기려 할 것이다. 왜냐하면 만약 당해 집단의 로비활동이 성공한다면 그 집단에 소속된 모든 회원들은 자신들이 로비활동에 어떤 식으로든 기여했건 또는 전혀 기여하지 않았든 상관없이 공짜로 로비혜택을 보기 때문이다. 다시 말하면, 대규모 집단들은 이와 같이 고질적인 '무임승차자'free rider 문제를 가지고 있다.

그러나 소규모 이익집단들은 만약 그들의 로비활동의 혜택(이익)들을 그들의 회원들에게만 제한할 수 있다면 이러한 무임승차자 문제를 피할 수 있을 것이다. 전문 직업단체들, 노동조합들, 생산자 단체들, 기타 이익단체들은 그들의 회원들에게만 특별한 혜택을 주기 위하여 정치인들에게 기부금을 제공함으로써 그들을 포섭하여 이용할 수 있다. 이를 위해 이들은 자신들에게 호의적인 정치인들에 대해 캠페인 기부금을 기꺼이 제공한다. 또한 이러한 정치적 과정으로부터 획득하는 미래의 혜택들 — 예를 들면, 독점권, 세제혜택 등 — 은 승인된 특정 이익집단들에게만 허용된다. 예를 들면, 의사들과 변호사들은 정부의 면허제도로부터 혜택을 얻는다. 면허제도는 의사와 변호사들에게 그들의 수를 제한하고, 수수료를 부과할 수 있는 권한을 부여하고, 또 무자격 경쟁자들이 일하지 못하도록 규정하고 있다.

소수자들 간의 연합 결성: 집단의 크기는 어느 정도가 좋은가?

비록 소규모 집단들이 대규모 집단들보다 조직화하기 더 쉽지만 일부 영향력 있는 대중들critical mass은 여전히 정치적 토론에 적극적으로 참여할 수 있다. 그러나 대의代議민주주의 제도에서 그러한 대중들의 수는 많이 필요하지 않을 것이다. 뷰캐넌Buchanan과 털럭Tullock은 무관심하고 조직화되지 않은 다수자들을 지배하는 데 필요한 집단의 수를 계산한 바 있다. 그들은 어느 한 대규모 선거구에서 무관심하고 조직화되지 않은 다수자들을 지배하는 데 1/4(25%)을 약간 초과하는 투표자들만 있으면 충분하다고 계산하였다. 다시 말하면, 뷰캐넌과 털럭은 대규모 선거구에서 어느 한 집단이 1/4을 약간 초과하는 투표자들만 결집할 수 있다면 이 집단은 무관심하고 조직화되지 않은 다수자들을 지배할 수 있다고 보았다. 예를 들면, 어느 국가에 100개의 선거구(지역구)가 있고, 각 지역구에는 1만 명의 유권자들이 있다고 가정해보자(이 경우 총 유권자 수는 100만 명이 된다)

이제 이 국가의 의회에서 집권 다수당이 되려면 어떤 정당 또는 이익집단은 '단순 다수결'의 경우 각 지역구에 5,001명의 투표자들로부터 지지를 얻으면 되고, 그 결과 의석 면에서는 51석을 확보하여 단순 다수결 조건을 충족시키게 된다. (이 경우에 총 유권자수 면에서 '단순 다수결'이 충족되려면 50만 100명의 투표자들로부터의 지지가 필요하다). 그러나 뷰캐넌과 털럭의 계산에 따르면 이 국가의 총 유권자 수가 100만 명이기 때문에 어떤 정당 또는 이익집단이 선거에서 승리하려면 총 투표자들 중에서 25%를 약간 상회하는 투표자들로부터의 지지가 필요하다. 따라서 어떤 정당 또는 이익집단은 총 투표자들이 100만 명이더라도 선거에서 승리하여 집권당이 되려면 25만 5,051명(=25.5051%)의 투표자들로부터 지지만 얻으면 된다. (이를 단순 다수결의 경우인 50만 100명과 비교해보면 훨씬 더 적은 숫자라는 것을 알 수 있다.)

물론 대부분의 이익집단들은 그렇게 많은 회원들을 가지고 있지 않다. 또한 이익집단들은 승리에 필요한 투표자 수를 그렇게 분명하고 상세하게 계산할 수도 없을 것이다. 그러나 대부분의 유권자들이 수고롭게 투표에 참가하지 않거나, 또 그들의 투표가 후보자들 간에 균등하게 분할된다면 이보다 훨씬 더 적은 수의 소수자들이 선거 결과를 좌우할 수 있다.

소수자들이 그들의 투표 영향력을 증가시켜 대의민주주의 제도에서 그들의 지배력을 증가시킬 수 있는 한 가지 방법은 다른 소수자들과 연합coalition(또는 연립)을 결성하는 것이다. 즉, 공개적으로 천명된 각자의 정치적 입장을 공유하는 소수자들 간에 또는 각자의 대의명분을 지지하려 하는 소수자들 간에 서로 연합을 결성할 수 있다.

이러한 연합 결성이 정확히 어떻게 작동되는지는 선거 제도의 특성에 달려있다. 이는 '국민들의 의사를 결정하는 제도'가 중요하다는 또 다른 경우에 해당된다. 앞에서 언급한 최다득표제First-Past-The-Post 제도는 일반적으로 선거 전에 연합을 결성하도록 한다. 이 경우에 연합은 다음 세 가지 방식으로 결성될 수 있다. 첫째, 이해당사자인 개인들과 집단들이 그들의 의견 차이를 포기하고 그들 중 가장 우위를 점하고 있는 정당에 통합하는 방법이 있다. 둘째, 소수 정당들이 그들의 의견 차이를 포기하고 현직자들에게 도전하기에 충분할 만한 대규모 동맹을 결성하는 방법이 있다. 셋째, 투표자들로부터의 전략적 투표 기회를 이용하기 위하여 통합이나 동맹 없이 단순히 선거협정electoral pact만 체결하고, 자신들의 협정 파트너들이 당선될 가능성이 높은 지역들에서는 후보자를 지명하지 않는 방법이 있다.

그러나 대륙 유럽국들과 비례대표제와 다당제multi-party를 채택하고 있는 다른 국가들에서 정치적 연합들은 의회 내에서 선거 이후에 더 많이 결성되는 경향이 있다. 일단 선거 결과가 발표되고 여러 정당들의 득표수가 공개되면, 정당의 고위 관리자(관계자)들은 의회 내 다수당을 결성하는 데 필요한 의석 수(의원 수)를 계산할 수 있고, 또 어느 동맹 파트너가 최상인지를 판단할 수 있게 된다.

특히 라이커William H. Riker 교수는 이와 관련된 여러 이슈들에 관해 심도 있게 연구하였으며, 그 결과 연합과 관련된 여러 특징들을 설명하였다. 예를 들면, '거대 연합들'grand coalition[대연정(大聯政)]이 왜 오래 가지 못하는지에 대해 설명하였다. '거대 연합들'이란 연합에 많은 다른 정당들과 이익집단들을 포함하고 있는 경우를 말한다. 라이커 교수를 뒤이어 많은 경제학자들은 그러한 질문들에 대답하기 위해 더욱 정교한 게임이론을 적용하여 여러 흥미 있는 결과들을 도출하였다.

연합들의 행위

물론 두 가지 주요 질문들은 우선, "어느 정당들이 연합을 결성하려 하는가?", 다음으로 "하나의 연합이 얼마나 오래 지속되느냐?"이다. 라이커W. H. Riker 교수는 여러 이익집단들이 '부적당한 순간'에 와해되는 대규모 연합들보다는 '**승리 최소 연합**'MWC: Minimum Winning Coalition을 결성하는 것이 최적 전략이라고 결론지었다. '승리 최소 연합'이란 한편으로는 의제agenda를 지배하기에 충분할 정도로 큰 연합을 의미하지만, 다른 한편으로는 조직의 안정을 깨뜨릴 정도로 너무 커서는 안 되는 연합을 말한다.

라이커 교수의 이러한 이론(즉, 승리 최소 연합)은 다른 이론들과 마찬가지로 겉보기에는 그럴듯해 보인다. 그러나 현실에 따르면 다당제를 채택하고 있는 여러 유럽 국가들에서 2차 대전 이후에 출현한 정부의 절반에 미치지 못하는 수준에서 승리 최소 연합이 결성된 것을 볼 수 있다. 또한 이 이론은 유럽과 다른 나라들에서 종종 나타나는 '소수당 정부들'minority governments의 존재에 대해서도 거의 설명하지 못하고 있다. 그러나 네덜란드의 사회학자이자 연합 관련 전문가인 피터 반 루젠달Peter van Roozendaal 교수는 소수당 정부의 존재와 관련하여 더 잘 설명하고 있다. 피터 반 루젠달 교수의 견해에 따르면 소규모 정당들이 정치적 스펙트럼 상 반대쪽에 있는 다른 소규모 정당들과 동맹을 맺는 것보다 '중심적인 정당들'과 동맹을 체결하는 것이 더 쉽다고 주장하였다. 그래서 어떤 대규모의 중심적인 정당은 연합을 결성하는 데 '중추적인'pivotal 지위를 가지게 될 것이다. 이러한 전략적 우위(중추적 지위)를 이용하여 '대규모의 중심 정당'은 독자 노선을 유지하면서 하나의 소수당 정부를 결성하려 할 것이다. 그 결과, 다른 소규모 정당들부터 지지가 필요할 때면 그들과 자유롭게 동맹을 맺으려 할 것이다.

그러나 소수당 정부들은 오래 가지 못하고 단명에 그치지 경우가 많다. 왜냐하면 현실에서의 정치는 '단순하고 1차원적인 단일 정점 이슈'가 아니기 때문이다. 이 경우에 여론은 단일 눈금을 가진 저울 위의 어떤 한 점(즉, 중간점)에 모이는 경향이 있다. 그러나 정치적 이슈들은 종종 다차원적multi-dimensional(이슈가 여러 개인 경우)이고 복수의 정점multi-peaked을 가진다. 다시 말하면, 현실 정치에서는 여러 개의 복잡하고, 상호 관련되어 있고, 또 변화하는 이슈들을 가지고 있다. 이 경우에는 여론이 하나로 집중되지 않고 여러 개로 분열된다. 이 때문에 '안정적인' 연합stable coalition을 유지하기가 훨씬 더 어렵게 된다.

연합에서 투표거래로 발전

공공선택 이론과 게임 이론은 '연합들'과 관련하여 여러 흥미 있는 통찰력을 세시해주고 있다. 첫째, 두 이론은 사회적 이동성이 높을 때 연합들은 덜 영속적이라는 결과를 제시해주고 있다. 둘째, 영속적인 사회적 분열이 존재한다면 연합들이 결성되어 그것에 의지해서 오래 지속될 수 있다. 셋째, 만약 사회적 상황들이 변한다면 연합 결성을 위한 확고한 토대가 감소할 것이다.

또한 두 이론에 의하면 유권자들의 수가 증가함에 따라 연합들은 결성 · 유지하기 더 어려울 것이라고 주장하고 있다. 반면에 두 이론과 현실에서의 관찰에 따르면 좀 더 균질적인(동질적인) 사람들 사이에서 '안정적인 연합들'을 결성하기 훨씬 더 쉽다고 주장한다. 이러한 결과들과 통찰력들은 "왜 소규모적이고, 사회적으로 보수적이고, 동질적인 국가들

— 예를 들면, 스칸디나비아 반도에 있는 국가들(즉, 북유럽 국가들인 스웨덴, 노르웨이, 덴마크 등) — 이 대규모적이고, 유동적이고, 인종적으로 다양한 국가들의 경우보다 더 안정된 정치제도를 영위하고 있는지"를 설명해주는데 유용하다.

그러나 '침묵하는 다수의 사람들'silent majority이 대의민주제에서 '소수자들에 의한 폭정'에 직면해서 어느 정도까지 침묵을 지킬 것인가? 결국, 침묵하는 다수의 사람들은 조직화된 연합들이 자신들에게 부과하는 각종 규제와 높은 세금의 형태로 커다란 부담에 직면하게 될 것이다. 또한 그들은 조직화된 연합들에 의한 로비활동이 경제 전체에 미치는 사회적 비용의 일부도 부담하게 될 것이다. 이러한 여러 부담들하에서 침묵하는 다수자들은 언제까지 침묵만 지킬 것인가? 그러나 슬프게도 소비자들과 납세자들은 '실질적인 정치적 세력'political force으로 거의 조직화되지 못한다는 사실이다. 따라서 이러한 사실은 정부 프로그램들의 증가, 정치적으로 활동하는 압력단체들의 급증, 로비산업의 팽창 등과 함께 결합하여 "다수의 침묵이 오랫동안 지속될 것"이라는 것을 암시해준다.

6장

투표 시장: 로그롤링

로그롤링의 유형:
암묵적 로그롤링과 명시적 로그롤링

로그롤링의 만연

의회 및 입법과정에서의 로그롤링

로그롤링의 효과

로그롤링의 기타 문제들

로그롤링의 억제

물건을 사고파는 '상품 시장'이 있듯이 투표(또는 정치)에도 시장이 존재한다. '투표 시장'에서는 투표들이 거래된다. 예를 들면, 두 의원들이 투표 시장에서 만나 자신들의 상호 이익을 위하여 표를 거래한다. 투표(정치)시장에서의 이러한 투표 거래 행위vote trading를 '로그롤링'logrolling이라고 부른다.

정치의 경우 한 가지 이슈에 대해 다수결을 확보하기 위하여 1회에 한하여 연합들을 결성하기보다는 '이익집단 정치'interest-group politics에 더 많이 의존하는 경향이 있다. 정치는 하나의 '연속적인' 과정이다. 다시 말하면, 정치는 여러 개의 다양한 이슈들이 시간이 지남에 따라 계속적으로 등장하는 하나의 연속적인 과정이다. 즉, 정치는 개인들과 이익집단들이 서로 간에 지지를 교환함으로써 상호 이익을 얻을 수 있는 광범위한 활동 영역을 제공해주는 하나의 업무affairs를 의미한다.

이러한 정치적 과정을 살펴보기 위해 어떤 이슈(또는 사업) — 예를 들면, 자신의 지역에 더 나은 도로를 건설할 필요성 — 에 대해 강한 추진 의사를 가지고 있는 어떤 집단이 있다고 가정해보자. 이때 필요한 정치적 과정은 특정 이슈에 큰 관심이 있는 다른 집단들과 다음과 같은 '단순한 교섭'simple bargain을 하는 일이다. 즉, "귀하께서 오늘 우리의 도로 개선 사업에 찬성해준다면 우리도 나중에 귀하의 도로 개량 사업에 찬성해드리겠습니다!"

미국의 경우, 이러한 '투표 거래행위'vote trading를 **'로그롤링'**logrolling이라고 부른다. 이 표현은 아마 깊은 산 속에서 벌채한 목재들을 마을이나 공장으로 이동하기 위하여 이웃사람들이 서로 협력하는 오랜 관행으로부터 유래된 것 같다. 벌채한 목재들을 어떤 사람 혼자의 힘으로는 도저히 마을이나 공장으로 움직이기 어려울 것이다. 로그롤링의 한글 사전적 의미는 '협력해서 하는 통나무 굴리기', '의안을 협력해서 통과시키기', 또는 '정치적인 결탁' 등이라고 번역되어 있다.

로그롤링의 유형: 암묵적 로그롤링과 명시적 로그롤링

우리는 도로 개선 사업의 경우처럼 별개의 법률안에 대해 각자의 투표를 교환하려는 하나의 합의를 '명시적 로그롤링'explicit logrolling이라고 부른다. 이러한 '명시적 로그롤링'은 투표가 쉽게 거래되는 의회 또는 의회 내 각종 위원회committee와 같은 민주주의 기구들에서 흔히 일어나는 일이다. 의회나 위원회에서는 투표가 쉽게 거래되기도 하지만, 또 양 당사자들이 상대방이 교섭약속을 실제로 이행하는 것을 알 필요가 있기 때문에 투표거래 행위가 쉽게 목격되기도 한다. 그러나 이러한 특징 때문에 명시적 로그롤링은 '비밀투표'secret ballots의 경우에서나 회원들을 쉽게 규율(통제)할 수 없는 대규모 집단들 간에는 잘 작동하지 않는다.

로그롤링을 하는 또 다른 방법으로 '암묵적 로그롤링'implicit logrolling이 있다. '암묵적 로그롤링'이란 "상이한 집단들이 그들의 여러 가지 제안들을 하나의 꾸러미package로 묶어서 이에 대해 투표하는 것"을 말한다. 그래서 어떤 하나의 법안에 대해 강한 추진 의사를 가지고 있는 투표자들 또는 의원들이 결국에는 다른 사람들이 제안하는 법안들에 대해서도 찬성투표를 하게 될 것이다. 이러한 종류의 투표거래 행위는 정당의 선거 매니페스토들manifestos 또는 입법 제안들이 함께 결합될 때 자주 나타나는 현상이다. 예를 들면, 아이젠하워Dwight Eisenhower(미국의 제34대 대통령)는 미 대다수의 주州들에게 혜택을 가져다주는 주간州間 고속도로 건설계획들을 묶어서 꾸러미화한 적이 있었다. 그 결과 미 하원 의원들은 그들 각자의 주에서의 도로건설 사업에 찬성투표함으로써 결국 아이젠하워 대통령이 제안한 미국의 전체 고속도로망('꾸러미화 된 제안')에 대해 찬성투표하게 되는 결과를 초래하였다.

암묵적 로그롤링은 의원들에게 많은 혜택(이점)들을 가져다준다. 즉, 의원들은 다른 의원들의 특수이익 법안과 함께 자신들의 특수이익 법안을 하나로 꾸러미화함으로써 더 큰 시시를 얻을 수 있고, 동시에 전체 꾸러미에 대해서 어떠한 책임도 지지 않는 이점이 있다. 특수이익 법안을 가진 의원들은 암묵적인 로그롤링을 하나의 '타협'이었다고 설명할 수 있다. 즉, 의원들은 자신의 지역에 있는 여러 도로들을 개량하기 위하여 불가피하게 다른 의원들이 제시한 법안들과 꾸러미화해서 함께 갈 수밖에 없었다고 주장한다. 예를 들면, 무료 식량 배급권Food Stamp과 농업지원법Farm Bill 등이 암묵적 로그롤링의 완전한 예에 속한다.

그러므로 로그롤링은 민주주의 과정의 중요한 한 부분이라는 사실은 결코 놀랄 일이 아니다. 그러나 투표에 부쳐지는 꾸러미가 밀실에서의 '비밀 거래'로 결정되는 '암묵적' 로그롤링과 달리 명시적 로그롤링explicit logrolling의 형태로 이루어지는 투표거래는 암묵적 로그롤링에 비해 최소한 '투명하다'는 장점을 가지고 있다. 다시 말하면, 명시적 로그롤링에서는 모든 사람들이 투표가 어떻게 거래되는지를 알 수 있기 때문이다.

그렇지만 일부 '명시적인' 투표거래는 실제로는 그렇게 명시적이지 않다. 의회에서 일상사로 늘 있듯이 많은 이슈들이 등장하는 경우 명시적인 약속이 없이 종종 의원들 간에 '상호 지지'가 있을 것이라는 무언의 가정만이 있을 뿐이다. 의원들은 다음을 기대하면서 동료 의원들의 사업들에 찬성투표할 것이다. 즉, 의원들은 다른 동료 의원들이 자신의 '호의'(찬성투표)를 기억하고, 때가 되어 자신들이 제안하는 법안에 대해 찬성투표해줄 것이라는 기대와 희망을 가지고 동료 의원들의 사업에 찬성투표하게 될 것이다. 실제로 이러한 명시적 로그롤링 과정은 매우 미묘해서 의원들 그 자신조차도 그들이 그렇게 하고 있다는 사실조차 인식하지 못하는 경우도 있다. 특히 털럭Gordon Tullock은 영국 어느 하원 의원의 자조적 고백을 예로 들었다. 영국의 어느 하원 의원은 처음에는 의회 내에서 '투표가 거래된다'는 생각에 놀라움을 금치 못하고, 그것이 실제로 일어나고 있다는 사실을 극구 부인한 바 있다. 그러나 나중에 그 의원은 자신이 제안한 법률안을 지지하기 위하여 어떻게 다른 의원들의 팔을 비틀었는지arm-twist*, 그리고 다른 의원들이 그들의 법안을 통과시키기 위하여 자신의 팔을 어떻게 비틀었는지 등에 대해 소상히 설명한 적이 있다.

* 여기서 '팔을 비틀다'는 말은 '협력을 강요한다'는 의미이다.

로그롤링의 만연

많은 대의정치代議政治 제도하에서 명시적 로그롤링은 아주 흔한 일이다. 특히 미국에서 명시적 로그롤링은 공공연한 일이다. 미국에서 '연방제'는 미 의회 의원들이 유권자들로부터 그들 자신의 주나 선거구의 이익을 위해 분투하는 것이 당연하게 여겨지고 있으며, 전 국민을 상대로 한 정당의 정책은 뒷전 또는 두 번째에 있다는 것을 의미한다. 그러나 '유럽 국가들'에서 명시적 로그롤링은 그렇게 분명하지 않다. 왜냐하면 유럽 국가들의 경우 지역구보다 전 국민들을 우선시 하는 당의 규율이나 정책이 미국보다 더 강하기 때문이다. 그러나 '유럽연합EU 수준'에서는 명시적 로그롤링이 매우 중요하다. 왜냐하면 유럽연합 국가들 간에 여러 가지 교섭들이 이루어져야 하기 때문이다.

예를 들면, 유럽연합의 각종 기구들은 여러 나라에 하나씩 분산되어 있고(룩셈부르크에는 투자 은행이, 독일의 프랑크푸르트에는 유럽 중앙은행이, 브뤼셀과 스트라스부르크에는 유럽 의회가 있음), 새로운 기구들이 만들어지면 정해진 차례에 따라 회원국에 할당되며, 유럽연합 내 최고위직들(EU 대통령, EU 이사회 의장, 각종 위원회 위원장 등)은 회원국들이 번갈아 가면서 맡고 있다.

유럽연합의 모든 결정들에 있어서 어떤 정책 이슈들에 대해서는 '만장일치'를 요구하고 있으며, 이는 개별 회원국들이 그 이슈에 대한 합의를 방해할 수 있음을 의미한다. 만장일치제하에서 의사결정의 어려움 때문에 유럽연합이 제안하는 대부분의 이슈들이 주로 폐기되는 결과를 초래하고 있다. 그 결과, 유럽연합은 만장일치제 대신에 '가중 다수결 투표제'qualified majority voting를 선호하고 있다. 그러나 가중 다수결 투표제하에서도 로그롤링의 여지가 상당히 존재한다.

만장일치제unanimity rule하에서 어떤 유럽연합 회원국이 어떤 제안을 거부할 수 있는 능력은 다른 회원국들에 의해 자신의 중대한 이익이 무효가 되는 것을 막는 최후의 유용한 수단이었다. 그러나 거부권 행사veto 위협은 또한 각 회원국들에게 커다란 '투표거래'의 기회를 제공해주었다. 투표거래의 기회는 다수의 국가들로부터 값비싼 양보를 이끌어내는 데 사용될 수 있다. 거의 모든 국가들에 의한 그러한 양보를 이끌어내려는 의지는 몇몇 매우 균형이 안 잡힌 정책들을 양산하게 되었고, 그 결과 유럽연합의 예산에 끊임없는 압박을 가하고 있다. 사실상, 많은 경우에 유럽연합의 의사결정 과정들은 현대의 공공선택 연구자들에 대해 연구주제의 풍부한 원천을 제공해주어 왔다.

암묵적 로그롤링은 많은 단계에서 강하게 발생하고 있다. 특히 정당과 그들의 선거 프로그램의 결정과정에서 특히 강하게 나타난다. 정당들은 본래부터 상이한 이익들의 집합체assemblies로서 상당한 규모와 영향력을 가진 '활동가 집단'을 결성하기 위하여 상호 지지하기로 합의한 집합체이다. 정당들이 종종 내부 의견불일치와 분열 또는 불화를 겪는다는 사실은 이러한 '투표거래 파트너십'의 증거이기도 하다. 또한 정당들이 그들의 선거 프로그램들을 짤 때 그들은 유권자들과 함께 투표거래에 가담하게 된다. 정당들은 선거에서 유력한 집단들로부터 지지를 얻기 위하여 정책 꾸러미를 고안 또는 구상하려 할 것이다. 만약 정당들이 가장 강하게 고수하는 정책들이 일반 대중들에게 인기가 없다면 그들은 이들 정책들과 투표자들이 좋아하는 인기 있는 정책들을 서로 조화시키려 할 것이다. 그러나 정당의 당원들은 이러한 절충안을 크게 좋아하지 않을 것이다. 따라서 만약 투표자들이 '인기 있는' 정책들을 원한다면 그들은 제안되는 꾸러미의 한 부분으로서 '인기 있는' 정책들과 함께 인기 없는 정책들도 함께 받아들여만 할 것이다.

이와 동일한 것이 투표발의ballot initiative[이를 '국민발의(發議)', 또는 '국민투표 회부'라 함]에서도 나타난다. '투표발의'는 미국의 경우 '지역에서의 국민투표' local referendum의 일종으로 투표자 집단들이 새로운 도로건설이나 학교 건립을 위한 공채 발행안이나 조세 인상안과 같은 정책발의들policy initiatives을 제안할 수 있는 것을 말한다. 종종 동일한 발의안 속에 여러 다른 정책들이 포함되기도 한다. 이것은 소수자들이 '전체 꾸러미'에 찬성투표하도록 유인하려 하는 데 그 목적이 있다. 왜냐하면 비록 소수자들이 다른 많은 정책들에 대해서는 냉정하게 판단하지만 자신들에게 소중한 특정 정책이나 사업을 획득하기 위하여 전체 꾸러미에 대해 찬성투표하려 하기 때문이다.

의회 및 입법과정에서의 로그롤링

정당 지도자들도 일단 집권에 성공하기만 하면 의회로 갈 정책 법안들policy measures에 대해 결정을 할 때 로그롤링에 가담하게 된다. 내각의 장관들은 어느 한 동료 장관에게 이익이 되는 법률안을 지지하기로 합의할 수 있다. 비록 각료들이 그 동료 장관이 제안하는 법률안을 크게 좋아하지 않을 지라도 나중에 상황이 역전되어 자신들이 제안하는 법률안에 대해 그 장관이 지지해줄 것이라는(종종 무언의) 추정하에 그의 법률안에 지지를 보낼 것이다. 의회로 가는 거의 모든 법률안들은 그 자체가 '암묵적 로그롤링'의 대상이 될 것이다. 법률안의 제안자들은 의회에서 소수자들의 지지를 얻어 무난한 통과를 보장하기 위해 여러 가지 양보를 하거나 몇 가지 세부사항들을 추가하려 하기 때문이다.

때때로 이러한 과정의 결과 터무니없는 사업들이 법률안에 포함될 수 있다. 예를 들면, 미국이 2008년에 실시한 부실 은행들을 구제하기 위한 '긴급구제 법안'을 들 수 있다. 이 긴급구제 법안이 처음에 미 의회에 제안되었을 때 '몇 페이지'에 불과하였다. 그러나 의원들은 이 법안이 매우 중요해서 무조건 통과될 것이라고 확신했기 때문에 자신들의 지지를 대가로 모든 종류의 요구 사항들을 추가시킬 수 있게 되었다. 여러 차례의 투표거래를 거친 후 이 구제 법안은 마침내 '451페이지'에 이르게 되었고, 최초의 목적과는 아무런 관계가 없는 많은 양보들을 포함하게 되었다. 물론 이러한 많은 양보들은 수많은 이익집단들의 힘에 의해 추가되었다. 추가적 양보사항들로는 자동차 스포츠 경기장에 대한 세제혜택, 20년 전에 엑슨발데즈 사社의 석유누출에 의해 피해를 입은 어업부문에 대한 세제 혜택, 자전거를 타고 직장으로 출근하는 사람들에 대한 보조금, 모직물 생산자들에 대한 1억 4,800만 달러에 이르는 세제 감면, 럼주 산업에 대한 1억 9,200만 달러에 이르는 물품세 환급, 아동용 나무 화살 제조업자들에 대한 200만 달러의 세제 혜택 등이 포함되어 있었다. 이들은 부실 은행에 대한 구제조치와 아무런 상관이 없음을 알 수 있다.

이와 반면에 영국의 경우 부실 은행들을 구제하기 위한 비상조치들은 3일이 지나서야 비로소 의회에서 통과되었다. 그 이유는 다음 세 가지이다. 즉, ① 영국의 의회 등원 통지 제도whipping system(원내 총무가 의원에게 보내는 등원 통지 제도를 말함), ② 영국의 엄격한 의회 규율, ③ 의원 내각제 실시 등의 이유로 부실 금융 구제안이 통과되는 데 3일이 걸렸다. 영국 의회의 의원들은 당에서 지시한 대로 투표하고, 모든 법안들에 대해 당의 노선을 지지하기로 되어 있다. 따라서 영국에서 로그롤링이 미국에서보다 더 어렵다고 할 수 있다. 그렇다고 해서 영국에서 로그롤링이 불가능한 것은 아니다.

로그롤링의 효과

비록 로그롤링이 사회적으로 불쾌감을 주는 '해로운' 활동처럼 보이지만 공공선택 연구자들에 의하면 로그롤링은 때때로 '유익한'(긍정적인) 측면과 '효율적인' 측면을 동시에 가지고 있다. 첫째, 로그롤링은 하나의 이슈에 대한 투표자들 간의 상이한 의견의 강도를 나타낼 수 있다. 이 경우에는 로그롤링이 '효율적'이다. 그러나 '단순 1인 1표의 국민투표'는 투표자들 간의 의견의 강도를 나타내지 못한다. 어떤 하나의 이슈에 대해 강렬하게 느끼는 소수자 집단들은 투표거래나 심지어 투표매수를 통해 그들의 열망이 적절히 반영되기를 바랄 것이다.

일상의 한 예를 들어보기로 하자. 우선, 세 명의 학생 룸메이트들이 '공동으로' 텔레비전 한 대를 살 것인지의 여부를 두고 투표로 결정한다고 가정해보자. 텔레비전 한 대의 가격이 비싸서 어느 누구도 혼자의 돈으로는 그것을 살 수 없다고 가정한다. 한 명의 학생은 텔레비전 구입을 간절히 원하지만 나머지 두 학생들은 각각 매우 낮은 강도로 반대한다. 이 경우에 투표가 진행된다면 텔레비전 공동구입안은 기각될 것이다. 그러나 이것은 이 집단 내에서의 '의견의 강도'를 반영하지 못한다. 그러나 만약 텔레비전 구입을 간절히 원하는 학생이 다른 한 학생에게 찬성투표하는 대가로 돈을 지불하거나(투표매수) 또는 나중의 다른 투표에서 그의 호의를 되갚아 주겠다(투표거래)고 제안한다면, 의견의 강도가 반영되어 이 집단은 텔레비전을 구입하게 될 것이다.

둘째, 투표거래는 '긍정적인'(유익한) 효과를 가질 수 있다. 특정 지역의 주민들에게는 어느 한 사업(예를 들면, 새로운 도로 건설)으로부터 발생하는 혜택(편익)이 당해 사업에 드는 비용을 초과할 수 있을 것이다. 이는 특정 지역의 주민들에게는 그 사업이 마땅히 진행되어야 함을 의미한다. 그러나 새로운 도로를 거의 이용하지 않을 다른 지역의 투표자들은 더 많은 조세를 추가적으로 지불하지 않으려 할 것이기 때문에 그 사업은 진행되지 못할 것이다. 이 경우에 투표거래는 '이롭다'고 할 수 있다. 왜냐하면 비록 그 사업이 가치가 있지만 그 사업이 진행되려면 민주적 과정(즉, 로그롤링)을 통해 투표거래가 이루어져야만 하기 때문이다.

이를 설명하기 위해 털럭Gordon Tullock은 다음의 예를 들고 있다. 즉, 아홉 명의 투표자들이 있고, 각자에게 1파운드의 세금 지불이 발생하지만 15파운드의 혜택이 돌아가는 하나의 법안이 있다고 가정해보자. 먼저, 이 법안에 대해 여덟 명이 반대하고 오직 한 명만이 찬성한다면(즉, 여덟 명의 패자와 한 명의 승자가 있다면) 총 편익이 총 비용을 초과하더라도 이 법안은 통과되지 못할 것이다. (이 경우 총 편익은 찬성한 한 명이 얻는 15파운드이고, 총 비용은 반대한 여덟 명이 조세로 지불하는 8파운드이다.) 그러나 이 법안에 반대한 여덟 명이 다른 유사한 법안으로부터 혜택을 얻는다면 아홉 명의 투표자들은 투표거래를 통해 상대방의 법안(사업)을 지지(찬성)하는 것이 그들 모두에게 이익을 된다는 것을 알게 될 것이다. 이는 투표거래의 유익한(긍정적) 측면을 나타낸다.

셋째, 그러나 로그롤링은 '부정적' 결과도 초래할 수 있다. 어떤 하나의 법안으로부터 아홉 명의 투표자가 얻는 혜택은 각각 7파운드이고 조세는 여전히 각각 1파운드라고 가정해보자. 이 경우 각 투표자는 네 개의 다른 사업들에 대해 투표를 거래함으로써 다수결(다섯 명)을 확보할 수 있다. 그러면 다섯 명의 각 투표자는 각각 7파운드의 혜택을 얻지만 총 5파운드만 조세로 지불하게 된다. 그 결과, 다섯 개의 각 사업이 진행되게 될 것이다. 그러나 각 사업에 드는 총 비용은 9파운드이고, 동 사업으로부터 각 투표자가 얻는 혜택은 7파운드에 불과하다. 따라서 이 경우 로그롤링은 비효율적 또는 부정적 결과를 가져다준다.

로그롤링의 기타 문제들

실제로 로그롤링의 이러한 부정적인 효과는 매우 일반적이다. 로그롤링은 다수의 민주주의 국가의 납세자들에게 널리 만연된 '로그롤링 거래'에 따른 비용을 부담 또는 전가시키기 때문이다. 로그롤링 거래는 한편으로는 정치적 지지를 얻는 데 필요하지만 다른 한편으로는 그들 거래에 따른 금융비용을 정당화 하지는 못한다. 심지어 미국에서는 이러한 부정적 로그롤링을 '지역구 챙기기 정치활동'pork barrel politics이라고 부르고 있다. 지역구 챙기기 정치활동에서는 대규모 낭비적인 사업들이 이와 같은 식으로 의원들 간에 합의되고 이루어진다. 의원들이 시끄럽거나 방해적인 소수자들을 매수하는 데 열을 올리고 있다. 이러한 활동의 결과 잠재적 비용과 낭비가 초래될 것이다. 한편으로 로그롤링은 어떤 한 이슈에 대한 소수자들의 의견의 강도가 반영되는 장점이 있다. 그러나 로그롤링이 없는 경우의 '단순 투표'에서는 소수자들의 의견의 강도가 전혀 반영되지 못한다. 다른 한편으로 로그롤링은 소수자들이 집단을 조직하여 자신들이 좋아하는 사업에 대한 지지를 좀 더 효과적으로 할 수 있는 많은 기회들을 제공해준다. 소수자들이 좋아하는 사업은 혜택은 자신들이 누리지만 그 비용은 사회 전체가 부담하도록 한다.

많은 소수자들이 로그롤링에 의해 매수될 때 법률안들은 대량의 포괄적인omnibus 법률안들로 커질 수 있다. 미국의 '2008년 부실 은행에 대한 긴급 구제 금융안'이 그 대표적인 예이다. 사실상 법률안들은 나중에 분량이 커져서 의원들이 법안들에 대한 이해는 고사하고, 그들을 읽을 시간조차도 없을 것이다. 그러한 법안들이 통과될 때마다 새로운 많은 사업들이 생겨나고, 그 결과 정부의 팽창(또는 과잉 팽창)이 초래된다.

좋게 말하면, 로그롤링은 소수자들에게 '발언권'을 제공해주는 '민주적이고, 참여적이고, 협의적인 과정'의 한 부분이다(긍정적 측면). 그러나 로그롤링은 종종 투명하지 못하고, 정치적 이익에 의해 지배되고, 일반 대중들에게 비용을 전가시킨다(부정적 측면). 최악의 경우 로그롤링은 '공공연한 부패'(투표매수)로 변질되거나 타락할 수 있다. 왜냐하면 투표자들이 현금을 받고 자신의 표를 팔거나 특혜를 대가로 표를 팔기 때문이다. 이러한 투표매수 행위는 공공연한 부패에 해당된다. 종종 로그롤링이 부패인지 아닌지는 구별하기 어려울 때가 있다.

로그롤링의 억제

비록 로그롤링이 널리 만연되어 있지만 이를 억제할 수 있다. 로그롤링은 다음 세 가지 방법을 통해 억제할 수 있다. 첫째, 단일 이슈들에 대해 국민투표(연속 투표가 아닌 단일 투표를 하는 것)를 실시한다면 로그롤링은 상대적으로 더 어려울 것이다. 둘째, 상원과 하원을 가진 의회의 경우(특히 각 의회가 다른 기준으로 선출된다면) 조금이나마 로그롤링을 억제할 수 있다. 왜냐하면 상·하 양원은 투표거래를 더욱 어렵게 하며, 또한 투표결과의 예측을 더욱 불확실하게 만들기 때문이다. 셋째, 대통령의 거부권veto도 로그롤링의 어려움과 불확실성을 더욱 증가시킨다.

비록 미국 헌법이 이러한 요건들을 모두 갖추고 있지만 미국에서 로그롤링은 여전히 미국정치의 주요 부분으로 남아있다. 특히 미국의 경우, 하원House of Representatives에서 로그롤링이 두드러지게 나타나고 있는 것 같다. 미 하원의 경우 의원들은 매 2년마다 한 번씩 선거를 치루며, 또 비교적 작은 지역구를 대표하기도 한다. 이것은 하원 의원들로 하여금 항상 선거(재선) 압력을 받도록 하는 역할을 한다. 즉, 끊임없는 선거 압력 하에서 하원 의원들은 투표거래와 연합결성을 통해 재선에 힘쓰게 된다. 미 대통령들의 경우에도 매 4년마다 한 번씩 선거를 치루기 때문에 매우 효과적인 로그롤러들logrollers이 되어야만 한다. 그러나 미 상원Senate의 경우 로그롤링이 하원보다 덜 심하다고 알려지고 있다. 왜냐하면 상원 의원들은 매 6년마다 한 번씩 선출되며, 그 결과 선거(재선) 압력이 그렇게 심하지 않기 때문이다.

그러나 아마 로그롤링에 가장 영속적이고 내구력이 있는 해독제(대항수단)는 정부 규모를 작게 하는 일련의 억제 장치들이 될 것이다. 정부 규모가 작아지면 로그롤링으로부터의 잠재적 이익이 최소화되기 때문이다. 따라서 '작은 정부'가 로그롤링을 억제하는 유일한 수단이다.

7장

정치적 이득: 지대추구

지대추구의 유혹

비용과 왜곡

비용의 계산

정치적 비용

공공선택론에 관한 수많은 핵심적 통찰들처럼 **지대추구**rent seeking라는 아이디어는 고든 털럭에 의해 1967년 처음 윤곽이 그려졌다. 그 용어 자체는 몇 년 후 앤 크루거Anne Krueger에 의해 만들어졌지만 말이다.

대부분의 보통 사람들은 지대rent를 토지 또는 다른 자원 소유자에게 주어지는 지불액이며 그 소유자는 그것을 위해 꼭 많은 일을 하지는 않는 것으로 생각한다. 경제학사들은 보다 전문직 징의를 기지고 있는데, 그것은 경제적 지대economic rent를 정상적인 경쟁에서의 수준을 초과하는 수익으로 정의한다. 하지만 통상적으로 생각하는 방식은 어쨌든 지대추구의 본질을 잘 총괄하고 있다.

시장적 상황에서는 경쟁을 당면하지 않는 공급자, 이를테면 마을의 유일한 식료품업자는 경쟁을 직면에 있는 사람들보다 높은 가격을 부과할(그리고 형편없는 서비스로 제공할) 수 있다. 그러나 이러한 높은 이윤은 자유로이 가게를 열어 처음의 식료품업자와 경쟁을 할 수 있는 다른 잠재적 식료품업자들의 주의를 끌 것이다. 그러한 경쟁의 결과는 전자의 독점자가 사업을 유지하려면 가격을 낮추고 서비스를 개선해야 한다는 것이다.

정치적 상황에서는 사태가 아주 다르다. 초과이윤을 얻는 기회는 정치 당국이 시장에 대한 새 진입자가 들어와 경쟁을 하는 것이 어렵거나 불가능하도록 만드는 식으로 그것을 창출하는 경우에만 생겨난다. 뉴욕 시 택시의 규제가 좋은 예로서 그것은 그 숫자를 1만 3,000개로 극히 제한하는 것인데, 이는 대공황이 있던 연도들 중 운행되던 숫자의 반에도 못 미치는 것이다. 새로운 경쟁이 법으로 금지되어 있기 때문에 경쟁이 있을 때보다 택시운전자들은 돈을 더 벌고, 뉴욕 사람들은 돈을 더 지불하며 택시를 더 오래 기다려야 한다. 뉴욕 택시 면허는 최근 100만 달러에 거래되었는데, 따라서 그것은 지금 보호받고 있는 지대의 규모를 보여주는 것이다.

정부는 교육이나 우편과 같은 서비스의 공급에 대해 흔히 **자신에게** themselves 독점권을 부여한다. 초기에 군주들은 자기 친구 및 신료들에게 소금에서 비누, 양초, 전분, 종이 및 단 포도주sweet wine에 이르기까지 재화들에 대해 명시적 독점권을 부여했다. 오늘날의 상황은 보다 미묘하지만, 전문직업(회계사, 치과의사, 심지어 미용사 및 손톱 미용업자와 같은)에 정부가 면허를 부여하는 것은 수입품에 대한 할당량 지정 및 관세와 토지 이용에 대한 계획 규칙과 더불어, 경쟁을 축소 및 억제하여 독점이윤 — '지대' — 을 여러 원하는 집단에 전달하는 데에 이바지한다.

지대추구의 유혹

지대추구는 특정 집단이 이런 종류의 가치가 되는 독점 및 법적 특권을 그들에게 부여하도록 정부를 설득하는 시도이다. 만약 그들의 지대추구가 성공적이라면 그런 이득이란 결국 일반 공중으로부터 이러한 특혜를 보는 집단들에게로 가는 상당한 부의 이전을 의미한다. 소비자와 납세자들은 독점 가격으로 인해 금전적으로 손실을 볼 뿐 아니라 선택권이 줄어들고 그들이 또 감내해야 하는 더 낮아진 품질이란 관점에서도 손실을 본다.

털럭은 성공적인 지대추구에서 얻는 잠재적 이득은 실제로 아주 상당하기 때문에 그것들을 얻기 위해 집단들이 엄청난 시간, 노력 및 돈을 쓰는 것은 아주 합리적이란 점을 지적하였다. 예컨대, 만약 어떻게든 입법가들을 설득하여 외국 차 수입에 대해 할당량 및 관세를 부과할 수 있다면 그것은 국내 자동차 생산자들에게는 수십억의 가치가 될 것이다. 따라서 그들이 바로 그 결과를 얻기 위해 기꺼이 수백만을 들이고자하는 것은 결코 놀라운 일이 아니다.

그러나 털럭이 지적했듯이 이 모든 값비싼 로비 활동은 비생산적인 것이며, 경제에 대해서는 순전한 손실이다. 시간, 노력, 돈, 기술 및 많은 재능있는 사람들의 기업가적 활동이 그 때문에 낭비된다. 지대추구 활동은 사회에 대해서 아무런 가치를 산출하지 못한다. 그것은 오직 어느 독점적 특혜가 어느 이익집단에게 부여될 것인가를 결정할 뿐이다.

지대추구를 하는 집단이 그들이 바라는 쪽으로 입법이 기울어지게 하느라 엄청난 자원을 지출 — 사회 전체의 입장에서 보면, 낭비 — 할 것이라는 털럭의 주장은 주류 경제학자들의 '후생경제학'적 사고에 대해 진정한 타격으로 다가왔다. 그들은 집합적 선택이 '시장 실패'를 교정하고 일반 후생을 증진할 수 있으리라고 믿었다. 그러나 그들은 현실 세계의 집합적 의사결정 과정에 대해 거의 생각이 없었으며, 계명된 공직자들에 의해 일반 이익을 위해 정책이 합리적으로 결정될 것이라고 가정했다. 그러나 털럭의 통찰력은 공공 정책의 과정이 시장보다 더 우수하기

는커녕 지대추구가 공적 결정을 엄청나게 왜곡시키며, 나아가 그것은 특정 집단에게 이득을 주지만 실제로는 사회 전체에게 해를 주는 식으로 시장을 왜곡시키고 경쟁을 축소한다는 점을 규명하였다.

비용과 왜곡

지대추구 효과가 다른 사람에게 비용을 부과하는 방식은 많다. 예컨대, 하이테크 산업 집단이 연구 개발에 대한 조세 감면을 위해 성공적으로 로비한다고 하자. 그 생각은 그 나라로 하여금 기술상의 선두적 우위를 유지하며, 또 다른 나라의 사람들이 사고 싶어하는 새로운 하이테크 제품 개발을 고무하기 위한 방법인 것으로 제시될 지도 모른다. 그것이 어느 정도는 진정 그러한 효과를 가질 수도 있다.

그러나 동시에 그것은 그들이 어떤 식으로든 수행했을 동일한 연구 개발의 비용이 싸게 들게 하는 것에 불과할 것인지도 모른다. 조세 감면은 또한 조세 체계를 왜곡시키는데, 자원을 다른 곳, 즉 그 자원이 더 생산적으로 활용될 수 있었던 곳으로부터 연구 개발로 끌어들인다. 세금이 더 낮을 것이란 전망으로 인해 기업들은 오직 그 혜택을 얻고자 실제로는 연구 개발이 아닌 활동들을 '연구 개발'research and development로 분류하게 된다.

반면에, 재무성이 이런 활동으로부터는 세금을 걷지 않는 것은 지출 수준을 유지하기 위해서는 정부는 다른 곳에서 돈을 더 걷어야 함을 의미할 것이다. 따라서 다른 사람의 세금이 올라가야 한다. 이것이 그들에게 나쁜 것일 뿐더러, 높아진 세율은 더 많은 사람들로 하여금 (합법적으로) 조세를 회피하거나 또는 (불법적으로) 탈세를 하도록 조장한다. 또 세율이 더 높아질수록 조세를 빠져나갈 특별한 구멍 혹은 특혜를 얻으려는 캠페인을 하는 사람들이 더 많아지게 된다. 그들이 성공한다면 그것은 경제 활동을 더욱 더 왜곡시키고, 자원을 고객에 대해 서비스하는 것으로부터 조세 회피로 돌리며, 동일한 사이클을 다시 시작한다.

집단이 보조금을 받는 캠페인에 성공하여 예컨대 바이오연료biofuel 생산자에게 정부가 보조금을 줄 경우에도 동일한 문제가 발생한다. 다시금, 그것은 경제 활동을 바이오 연료 생산으로 끌어들이게 한다. 연료로 만들어질 수 있는 작물에 대한 수요 증가로 인해 그 가격은 올라가며 생활비가 더 들게 되는데 이는 극빈자들에게 가장 가혹하게 영향을 준다. 또다시 비용은 분산되고 불투명하며, 편익은 명확한 이익을 가진 이익집단에게 집중된다.

다시금, 집단들은 국가의 복지 체계를 통해 이득을 보고자 할지 모른다. 만약 저소득 가계로 가는 현금 혜택이 있다면, 예컨대 소득구분 수준 바로 위에 있는 사람들은 소득구분 수준을 올리는 캠페인을 벌임으로써 자신들의 후생을 크게 증진할 수 있을 것이다. 다른 사람들은 복지 혜택 자격을 얻기 위해 자신의 상태를 실제보다 더 열악하게 또는 열악하게 보이게 만들려 할지도 모른다.

비용의 계산

노벨상을 수상한 경제학자인 밀턴 프리드만Milton Friedman이 지적했듯이 공장을 건설하는 것은 잠재적으로 공공의 자산을 증대시킨다. 그러나 뉴욕 택시 면허장을 구입하는 것은 그렇지 않다. 공공부문의 규모가 클수록, 혹은 조세나 규제 구조가 복잡할수록, 지대추구의 기회는 더 크며, 따라서 이러한 잠재적 손실은 더 커진다.

기업, 개인 및 집단은 그들이 지대추구에 성공했을 경우에 얻게 될 '지대'rent와 거의 같은 크기의 금액을 투자할 준비가 되어 있을 것이다. 지대추구는 경제의 다른 부분으로부터 자원 — 흔히 아주 똑똑하고 교육받은 생산적인 사람 — 을 빼내는 비용을 가지고 있다. 지대추구로부터 나오는 경제적 후생손실 뿐 아니라 이러한 비용의 결과, 그런 행위의 총비용은 엄청나게 커질 수 있다.

2000년대 초기의 한 연구는 미국에서 지대추구에 대한 이익집단의 지출이 수억 달러라고 추정했다. 그 청구서에 부가되는 또 다른 것은 지대추구는 도박이며 그것은 보상이 될 수도 또 안 될 수도 있는 것이며, 많은 도박자들처럼 지대추구자들은 결국에는 설사 성공하더라도 그 노력에 대해 그들이 실제로 얻는 것 보다 더 많은 지출을 한다.

지대추구가 공중의 다른 사람에게 끼치는 재정적 비용은 또 다른 침식 효과가 있다. 만약 사람들이 자기 나름으로 열심히 일하여 얻은 자신의 수입, 저축 및 자본이 탈취당할 수 있다고 여긴다면 그들은 열심히 일하고 저축을 먼저 하려고 하지 않을 것이다. 그들은 부의 창출에 덜 투자할 것이고, 기업들은 자금이 결핍될 것이며, 산출은 낮아지고 일반 대중의 후생은 다시금 나빠질 것이다.

정치적 비용

지대추구는 정치 과정도 부패하게 만든다. 지대추구를 통해 큰 편익이 추출될 수 있다는 전망이 있게 되면 집단들은 그것이 실현되도록 하기 위해 표와 지지를 거래한다.

지대추구자들이 자기들에게 혜택이 될 특혜에 대해 갖는 깊은 관심, 또 그것을 장악하기 위해 투입할 태세가 되어 있는 시간과 에너지는 왜 로비가 그토록 큰 산업이며 왜 정치인들이 결국에는 그토록 많은 독점권, 규제 및 특혜를 부여하는지를 설명하는 데에 도움이 된다. 그것은 또 왜 그러한 특혜들이, 그것이 부적절하고 비효율적이며 개혁이 필요함이 아주 분명해진 지 오랜 이후에도 남아있는 경향이 있는가를 설명해준다.

국가의 힘이 클수록 지대추구를 위한 기회들은 더 많고 이익집단들이 특혜를 받고자 정치인들에게 로비할 때에 정치인들이 누리는 힘도 더 크다. 정치인들은 자신들에게 로비를 하는 지대추구자들에게 특혜를 부여할 수 있다는 지위로부터만 이득을 얻는 것은 아니며, 다른 사람들에게 불리한 판정을 내리는 위협을 할 수 있다는 전으로부터도 이득을 얻는다. 때로 이 권력은 노골적인 부패를 초래하는데, 정치인 및 관료들이 현금 혹은 사적 호의의 대가로 특정 이익집단에게는 특별한 특권들을 부여하며, 자신들을 후원하지 않는 사람들에게는 법적 장애를 부과한다.

지대추구자들 및 정치인들에게 돌아가는 지대추구의 엄청난 잠재적 이득, 그리고 이득을 보는 소수 사람들의 집중된 이익과 다수 대중의 무력함의 불균형을 감안하면 왜 지대추구는 민주적 체제에 특유한 것이 되지 않았을까? 라고 의아해 하게 된다.

8장

정치인들의 봉급날

입법가와 우리

정치인의 정치적 수입

표 동기의 위험성

우리의 지도자들을 제어하기

왜 우리는 입법가들, 곧 우리가 그토록 미워하거나 좋아하는 모든 대표 및 의원들이 필요한가? 주된 이유는 간단한데 바로 실용성 때문이다. 발전된 나라에 당면한 집합적 선택들의 수가 엄청나기 때문에 모든 사람이 출석하여 모든 이슈에 투표하는 것을 기대하는 것은 너무나 어렵고 피곤한 일이다. 또 일반 대중은 그 모든 이슈를 연구하고 그에 대해 의견을 형성할 시간과 관심조차 없다.

따라서 우리는 이슈를 이해하고 의견을 형성하고, 결정을 내리는 일을 소수의 관리 가능한 집단 곧, 우리의 전문적 입법가들에게 위임한다. 우리는 우리의 견해들을 대표하고 우리 대신 결정을 내리는 데에 그들의 근면함과 그들의 판단에 의존한다. 그것은 결정이 시간, 노력 및 돈이 훨씬 적게 들고서도 내려질 수 있음을 의미한다.

입법가와 우리

그러나 입법가들이 우리의 견해를 완벽히 대변하는가? 대학의 경제학자들은 그렇게 가정해왔을지 모르지만, 대개의 보통 사람들(그리고 정치인들 자신들)은 그보다는 훨씬 덜 순진하다. 사실, 공공선택론 학자들은 입법가들은 우리 가운데 다른 사람들과 전혀 다르지 않다고 말한다. 그들은 자신의 이해와 견해가 있고 이는 불가피하게 그들의 결정에 영향을 준다.

공공선택론 원리들은 선거에 적용되는 그대로 입법부에도 적용된다. 특히 다당제multi-party systems에서는 상이한 정당들은 입법부 안에서 협상을 하고 연합을 형성해야 할지 모른다. 이익집단들은 입법가들에게 직접적인 로비 압력을 가하며, 때로는 결정적인 재정 지원을 한다. 또 로그롤링은 거의 모든 입법부에서 큰 요소이다.

따라서 우리는 입법가들의 이해가 그들을 선출해준 사람들의 이해와 완벽히 일치할 것이라고 기대해서는 안 된다. 사실, 권력을 가장 잡고 싶어 하는 사람들은 흔히 일반 대중의 이익을 더 증진시키기보다는 자신의 이익, 또는 자신의 친구들 및 분파의 이익을 위해 그것을 이용하기 원하는 사람들이다. 대중은 선거에서 정치인들을 표로 퇴출함으로써 그들을 제어할 수 있다고 함은 사실이지만 이러한 통제는 매우 취약하다. 선거란 자주 있지 않으며, 사람들은 판이한 정책들로 이루어진 묶음에 대해 투표를 할 것이며, 핵심적인 선거 이슈를 통제하거나, 선거일을 정할 수 있는 사람들이 결과에 강력한 영향을 미친다. 반면에 선거인들은 자신의 표가 별로 가치가 없는 것으로 알며, 조사에 의하면 그들은 전반적으로 정부 활동들의 비용을 과소평가하며, 자신들의 중요성도 과소평가하고, 흔히 선거에 아주 낮은 참가를 하게 된다. 이 문제는 공공선택론 학자들 특히 버지니아 학파의 공공선택론 학자들이 어떻게 헌법적 및 구조적 개혁에 의해 정부가 제어될 것인가라는 문제에 몰두해온 이유의 하나이다.

정치인의 정치적 수입

우리가 보아 왔듯이 블랙Black 및 다운즈Downs까지 거슬러 올라가는 공공선택론의 핵심적 통찰의 하나는 정치인 및 정당이 정책 이슈에 대해 취하는 입장에 대한 해답이 '표 동기'vote motive라는 점이다. 야당 정치인들은 사안들에 다소 영향을 줄 수도 있지만 어떤 실질적 영향을 가지려면 그들은 권력을 잡아야 한다. 그리고 권력을 잡기 위해서는 당선이 되어야 한다. 환언하면, 그들은 표를 얻는 것에 핵심적 관심을 가지고 있다. 그들은 인류를 이롭게 할 수 있기 위해 권력을 추구할 수도 있으나, 그런 경우에도 그들의 핵심 목적은 표를 모으는 것이 될 수밖에 없다.

표를 얻으려면 정치인들은 시카고 학파가 서로 경쟁하는 이익들 — 예컨대 입법을 요구하는 로비 집단과 그에 대해 궁극적으로 비용을 지불하는 납세자 및 소비자들 — 사이의 '중개인'brokers이라 묘사한 것이 되어야 한다. 그들이 받는 '중개 수수료'brokerage fees가 표다. 그러나 만약 그들이 그 일에 성공한다면 다른 많은 유형의 '정치적 수입'political income도 누릴 수 있다. 후한 선거 기부금, 직위가 주는 신분 및 부대적 특전perks, 공무원 및 대중의 존경, 인기 있는 대의를 지원함으로부터 얻게 되는 대중의 주목, 지출 및 고용이 자신의 지역구로 돌아가도록 조종할 수 있는 힘이 있을 것이다.

현금적인 함의도 있을지 모른다. 그 직위로 인해, 정치를 그만 둔 이후에는 돈이 되는 직업을 얻을 가능성이 있다. 로비스트 및 정부와 계약을 맺는 사람들로부터 현금 또는 정실이란 면에서 리베이트를 받을 수도 있다. 그러나 부패한 거래에서 돈을 받고 정책을 파는 것이 로그롤링 상황에서 표를 얻고 그것을 파는 것과는 좀 다른 것인가, 또는 그보다 더 나쁜 것인가는 쟁점이 되어 있다.

표 동기의 위험성

정치인의 표 동기가 시장에서의 기업가의 이윤 동기와 거의 다를 바 없다고 생각할지 모른다. 하나는 대중에게 그들이 원하는 것을 주고 돈을 모으고자 하는 것이며, 다른 하나는 표를 모으고자 하는 것이다. 그러나 다시금 우리는 시장에서의 선택은 자발적인 것이며, 반면에 정치에서의 선택은 강제라는 요소를 요구한다는 점을 기억해야 한다. 정치인이 얻고자 하는 표는 보다 넓은 대중의 견해와 선호를 충분히 반영하지 못하는 것 같다.

예컨대, 정치인에게 지불되는 '수수료'fees의 크기는 그들의 '고객들'customers이 정치인들의 결정 및 재직 기간이 얼마나 지속된다고 여기는가에 어느 정도 달려 있다. 그러나 수수료를 가장 잘 지불하는 고객들은 정보를 갖지 못하고 분산되어 있는 대중이 아니라 집중된 이익을 가진 소규모 집단들이다. 그 이유로, 정치인들은 잘 조직화되고, 목소리가 큰 집단의 요구에 초점을 두며 그들에게 자주 굴복하는데 아마 그들은 무관심한 사람들 및 정보를 갖지 못한 대중이 그 결정을 따르도록 설득할 수 있다고 계산한다.

표 동기는 다른 문제들도 야기한다. 예컨대, 정치인들은 그것이 나라 전체에 대해서는 나쁜 가치를 대표하는 것임을 알고 있더라도, 자기 지역구의 정부 지출을 지지할 강력한 유인을 갖고 있다. 동료 정치인 지역구에 있는 역시 나쁜 사업들을 지지해주는 로그롤링은 그러한 보잘것없는 가치를 훨씬 더 널리 확산시킨다. 여러 다른 집단들에게서 표를 얻도록 설계된 포괄 입법omnibus legislation은 마찬가지로 낭비적 효과가 있다.*

또 다른 문제는 선거 전에 이루어지는 선거인의 뇌물인데, 정치인들이 그에 소요되는 돈이 어디에 나올지는 꼭 설명하지 않은 채 여러 인기 있는 대의들을 지지함으로써 표를 얻고자 하는 것이다. 세금이 올라가야 한다는 점은 선거 이후에야 설명된다. 그리고 정당들은 중위수 주변에 몰려있는 투표자들을 차지하려고 함에 따라 선거에서는 약간 중도주의자centrist가 되는 것 같다.

공공 지출은 특정 집단들에 초점을 두기 쉬운데, 그것은 다음에 그들에게 표를 요구하기 쉽게 해준다.** 정부가 크고 그것이 다루는 권력과 돈이 더 많을 때에 그런 집단들을 우대하는 것은 그만큼 더 쉬워진다. 그러니 이러한 우대의 네트워크가 커질수록 대중의 이익을 더 널리 반영할 가능성은 더 줄어든다. 또 국가가 더 복잡해지고 더 강력해질수록 뇌물과 리베이트의 범주는 더 커진다.

* 역자 주: 일부 사업은 a에게, 다른 사업은 b에게 이득을 준다고 하자. 개별 주체에게 유리한 사업을 각각 별도의 법안으로 만들면 그 지역 외의 다른 주체들은 반대하기 때문에 이들 개별 사업들은 통과가 어렵다. 포괄입법은 한 사업이 아니라 여러 사업을 한 법안으로 뭉뚱그려 놓은 법이다. 모든 사업이 다 자기 지역(집단)에 유리한 것이 아니지만 그 속에 있는 자기 지역(집단)에 유리한 특정 사업이 통과되도록 하기 위해서는 그 법안 전체를 지지할 수밖에 없다. 이렇게 모든 사업을 포괄하는 법안으로 만들어 놓으면 이 법은 통과되기 쉽다. 털럭은 이를 '암묵적' 로그롤링이라 부른다.

** 역자 주: 널리 일반에게 지출을 하면 수혜자들은 그것이 꼭 자신에게 이득을 주었다고 여기기 어렵다. 특정 집단에게 이익을 주는 것임을 선명히 해야만 나중에 그들에게서 지지도 받기 쉽다.

우리의 지도자들을 제어하기

물론 선거에 의한 제어가 취약하나마 최소한 남아 있으며, 대중은 이를 통해 그들의 정치인들을 통제할 수 있다. 또 노골적인 부패는 매체들이 들추어 낼 수 있다. 더욱이 직위를 잃을지도 모른다는 두려움 때문에 정부는 권력과 돈에 완전히 무책임해지지는 못하게 된다. 즉, 결국에 야당이 당선된다면 바로 그 권력과 돈은 자신들에게 불리하게 사용될 수 있다.

그러나 이들 제어 장치들은 취약하며 많은 공공선택론 학자들 특히 버지니아 학파는 헌법적 규칙이 우리의 입법가들을 제어하는 최선의 방식이라고 보고 있다. 예컨대, 제도적 규칙이 현직자들을 우대한다면, 정치인들은 그들이 장기 재직을 기대할 수 없을 경우보다 자신의 권력을 더 많이 남용할 것이다. 입법부의 후보자들을 선정하는 데에 임기 제한 및 오픈 프라이머리open primary를 두는 것은 정당의 힘과 정실을 줄일 수 있을 것이다. 미국식 권력 분립제도는 로그롤링 및 특수 이익 집단들과의 거래가 고착되기 조금 어렵게 만드는데, 왜냐하면 그것들은 다른 부府에서 뒤집힐 수 있기 때문이다. 그러나 그 동시에 미국에서 로그롤링 거래를 분쇄할 수 있는 능력을 가진 입법부 위원회들의 역할은 그와는 반대 방향으로 작동하고 있다.

미국에서는 대통령은 의회의 제안의 거부권을 포함하여 엄청난 권력이 있다. 이 역시 로그롤링 거래 및 특수 이익적 조치들이 해소될 기회를 높인다 — 그 안이 의회로 환부되면 더 높은 다수결이 요구되는데 이는 작은 규모의 소수 집단들이 자신들의 분파 이익을 관철하기가 어렵도록 만든다. 그것은 로비의 위험을 높이며 효과는 줄어들게 만든다. 그것은 또 대통령으로 하여금 소비자 및 납세자 전체가 아니라 특정 지역 사람과 같은 작은 규모의 소수집단에 특혜를 줄 수 있는 입법을 누르고 더 넓은 국민 이익을 옹호할 수 있게 해준다. 그러나 동시에 강하고도 적극적인 대통령은 그들의 기술과 권력을 헌법적 제어를 깨고서 그 자신의 로그롤링을 주도할 수도 있다.

마찬가지로 사법부도 정치인들을 제어하고 그들이 법을 벗어나지 못하도록 막을 수 있으며 또는 보편적으로 인정된 정의正義의 규칙을 벗어나지 못하도록 막을 수 있다. 비록 입법부를 통과한 법이 그러한 더 깊은 관념들과 모순될지라도 말이다. 종신 임용, 또 비非정치적 방식으로 법관을 선정하는 것은 다 입법부에 대한 더 큰 독립성을 사법부에게 주며 법관들이 입법부에 더 쉽게 맞서도록 만드는데, 이는 또 정부 정치인들의 중개적 권력을 줄인다. 그러나 사법부의 임용들이 정치 과정 안에서 이루어지는 경우, 법관은 정치적인 것이 되거나, '허깨비'stealth 후보자들(외관상으로는 독립적이나 실제로는 그렇지 않은)이 임용되거나, 양측으로부터 지지를 끌어내는 중도적 후보자가 순수하게 독립적인 외부인을 누르고 임용될 것이다.

어쨌든 법관이 세속의 법을 정말로 거부할 수 있는 정도에는 한계가 있다. 그들의 주된 기능은 그것을 지탱하는 것이다. 그렇게 함으로써 법관들은 그 개인적 이익들이 보다 넓은 대중의 이익을 반영하지 못할 수도 있는 정치인들에 의해 중개된 입법부의 타협들을 자신들이 단지 집행하고 있을 뿐이라고 알고 있을 수도 있다.•

• 역자 주: 정치인들의 개인적 이익이 일반 이익과 전혀 다를 수도 있다. 그러나 결국 정치 과정에서 여러 개인들의 이익들을 중개하여 법을 만드는 것은 정치인들인데 이들이 정치적 타협을 통해 만드는 법이 공익과는 멀고 정치인의 사적 이익을 옹호함에 불과할 수도 있다. 그럼에도 불구하고 법관들이 하는 주된 일이란 이 문제투성이의 법을 그저 '충실히' 집행하는 것이다.

9장

관료들에 대한 동기 부여

공무원과 예산

관료 권력의 원천

관료제의 억제

최근의 문제들

정치 과정에서 다른 중요 부분은 관료제, 즉 부처部處, 청廳, 공공기구 및 지방정부에 근무하는 공무원 및 기타 공직자들이다. 그들은 다 입법자들의 결정을 실제 행동으로 변환하기 위해, 또 광의의 정책들을 개별 사례들에 적절히 적용하기 위해 필요하다. 그러나 우리는 그들이 그들 자신의 개인적 이익을 개입시키지 않고 그 일을 냉정히 수행할 것이란 것을 어디까지 믿을 수 있는가?

공공선택론 학자들에 따르면 크게 믿을 것 없다. 그 자신이 외무부 공무원이었던 고든 털럭Gordon Tullock은 관료제에서의 자신의 경험에 관해 초기에 논문을 썼다. 그것은 제임스 뷰캐넌James Buchanan에게 큰 영향을 주었는데, 그는 정부 관료들이 정부 부문의 규모와 범위의 확대에 강한 이해관계를 갖고 있다는 이론을 구축했다. 버지니아 학파의 다른 저자인 윌리엄 니스카넨William A. Niskanen은 그 주제를 연구하여 공직자에게 큰 동인motivator은 그들의 예산 규모인데, 이는 그것이 여러 다른 개인적 이익들을 함께 결과하기 때문이라고 제시했다.

이것은 공직자들이란 그들이 관리하도록 요구받은 입법의 의도를 객관적이고 공적인 정신으로 공평무사하게 추구하는 것으로만 가정되어 온 전통적 후생경제학적 접근과는 뚜렷이 대조된다. 공공선택론의 시각으로는 합리적 선택이란 다른 사람들에게서와 마찬가지로 관료에게도 적용되는 것이다. 그들은 자신의 권력과 제도적 구조의 한계 안에서 자신의 사적 야심을 극대화하려고 한다. 그들은 업무를 잘 수행하고 대중에 열심히 봉사하려고 할 수도 있다. 그러나 그들 역시 우리처럼 소득, 자산, 편리, 정년보장, 연공서열, 여가와 편함, 재량권 및 존경심도 추구한다.

관료제 안에는 광범위한 범주의 그러한 이기적 행위들이 있는데, 부분적으로는 그것은 공직자들의 산출물이 정의되기 어렵기 때문이다. 성공이 재무적 이윤 혹은 손실로 측정되는 시장에서의 생산과는 달리, 공무원들의 성과는 감독하기가 어려우며, 으레 모호한 '공익'public interest과 같은 분명치 않은 목표들에 바탕을 두고 있다. 그래서 관료들이 자기 나름의 목표들도 추구해 가고 있다면 그것은 놀라운 일이 아니다. 사실, 사기업 안에는 많이 논의된 주인-대리인 문제가 있다. 궁극적으로는, 주인(주주)이 대리인(경영자)으로 하여금 책임을 지게 하는 기제들이 존재하는데, 그것은 지분 매각, 인수, 새 이사의 임명, 새 형태의 회사 지배체제 형성, 더 잘나가는 기업들로부터 나오는 시장에서의 경쟁 등을 통해 이루어진다. 그러한 기제들이 완벽하게 작동하지는 않지만 그것들은 5년마다 있는 선거 및 정치적 대표들의 행동으로 주인(선출자)이 대리인(관료)에게 책임을 지게 할 수 있는 기제보다는 훨씬 더 효과적이다.

공무원과 예산

관료가 실제로 무엇을 추구하는 것에 관해 니스카넨은 예산극대화budget maximization가 좋은 척도를 제공한다는 것을 제시했다. 그것은 시장의 맥락 속의 이윤이라는 목적에 대한 근사치이다. 또 그것은 대규모의 또 증가하고 있는 예산에 동반하는 모든 다른 것들 — 일자리의 안정, 승진의 전망, 급여의 인상 등 — 에 대한 간단한 대리 변수proxy를 제공한다.

이러한 이익들을 추구함에 있어서, 관료는 이익집단이 정치 과정 속에서 경기자로 행동하는 것과 마찬가지로 행동한다. 또 그들 집단은 아주 명확하게 규정되어 있어서 그들의 로비 활동의 이득은 자신들만이 가질 수 있기 때문에 그들은 무임승차자 문제가 없다.

그들은 물론 그들의 예산에 관한 정치인의 지지에 의존하고 있다. 그러나 니스카넨은 예산이 어떻게 결정지든 간에 그 속에서 자신의 이익을 극대화할 수 있다고 한다. 예산 여건이 용이하다면 그들은 새 업무들을 포함하고는 늘어난 산출량을 대처할 더 많은 돈을 요구한다. 쪼들리는 여건에서는 그들은 산출량을 제한하며 돈이 사업들에 지출되기보다는 자신들에게 남아 있게 만든다.

어느 방식으로든 그들은 중위투표자나 정치인이 원했던 크기와 규모를 초과하여 이래저래 자신을 확대해 나간다고 니스카넨은 말한다. 관료는 돈을 절약하는 것과, 새로운 업무 흐름 및 사회 프로그램을 창안하는 모든 유인에는 개인적 관심이 없다. 또 정치인들이란 관료들에 의한 비용이 그들의 당초 기대를 훌쩍 넘어 계속 상승하더라도 그들이 몰입해 어떤 정책을 되돌리기 어렵다는 것을 관료는 알고 있다. 이 역시 관료에게 입법부를 제압하는 상당한 협상력을 제공한다.

관료는 중요한 일선 서비스들front-line services[*]을 축소하겠다고 위협함으로써 예산 삭감에 저항할 수도 있다. 고든 털럭은 연방관세청the Federal Customs Service을 인용했는데, 그것은 다른 서비스는 놓아둔 채 미국의 세관의 일선 검사관들을 모두 해고해 버림으로써 예산 삭감에 대응했었다.

관료 권력의 원천

입법이 일반적으로 상당히 모호하다는 사실은 관료제에 커다란 재량적 권력을 준다. 몇몇 공공선택론 학자들은 정치인들이 그런 식이 되기를 원한다고 시사한다. 정치인들은 그들의 정치적 적들이 집권할 경우 쉽게 뒤집어버릴 수 있는 구체적인 법보다는 모호한 법을 통과시키고 이를 관리하는 자체적 유지 기관을 세우기를 더 원한다. 이유가 무엇이든지, 법 속에 있는 이러한 커다란 불확실성 영역은 관료들에게 그들 스스로의 산출량을 규정하고서는 이에 상응하는 예산을 요구할 수 있는 큰 여지를 준다.

니스카넨에 따르면, 사업하는 사람들은 정보를 잘 아는 고객 및 분석가들의 감시에 노출되어 있지만, 관료들은 그렇지 않다. 관료들이 그들 자신의 특정 영역에서 평균적 정치인보다 훨씬 더 많이 안다는 사실은, 정치인들은 관료제를 효과적으로 통제할 수 없음을 의미한다. 자신들의 업무에 관한 내부 정보를 이렇게 독점하기 때문에 그들은 자신의 제국을 보호하기 위해 '묶음으로 만들기'bundling 전략을 사용할 수 있다.

• 역자 주: 시민이나 고객을 행정 창구에서 직접 대면하는 현장에서 일어나는 필수적 행정 서비스들.

그들은 자신들의 업무 중 어느 부분을 축소하거나 없앨 것인지를 불투명하게 만듦으로써, 정치인에게 단일의 묶음을 제시하고 정치인들은 이를 다 받아들이거나 아니면 말거나를 택할 수밖에 없게 만든다.

관료들은 또한 그들의 재량 범위를 증대시키고 또 그들의 예산이 어떻게 사용되었는지를 은닉하는 데 도움이 되는 복잡한 정책안을 설계하고 조장하며 지지하기를 좋아하는데, 이는 그들을 통제하게 되어 있는 정치인에게 보다 많은 당혹감을 더해준다.

관료들은 정치인과 아주 밀접하게 더불어 일하기 때문에, 관료는 정치인에 대해 상처를 줄 수 있는 정보를 누설함으로써 그들의 정치적 주인의 콧대를 꺾을 수 있는 무언의 위협까지도 갖고 있는데, 이는 그들이 자신들의 예산을 깎으려는 시도에 대항하는 데에 다시금 도움이 된다. 정부가 커질수록, 정치인이 내려야 할 결정들은 더 많아지며, 나중에 그들을 당혹스럽게 만드는 데 활용될 수 있는 나쁜 결정을 내릴 가능성도 더 커진다.

관료들은 자신들이 관리하는 보조금 및 프로그램들에 매달려 있는 이익집단들의 정치적 지원에도 의존할 수도 있는데, 이 이익집단들이란 관료들의 예산이 증가되기를 원함이 거의 확실하며, 또 관료들은 부처가 관리하는 프로그램들에 재화와 서비스를 공급하는 사기업의 지원에도 의존할 수 있다. 관료 권력의 또 다른 원천은 관료 자신들의 투표력이다. 오늘날 많은 나라가 그러하듯, 정부가 노동인구의 1/4 또는 1/3을 고용하고 있다면, 공무원 및 그들에게 딸린 가족은 더 많은 정부 관료제 및 더 많은 관료 예산을 선호함이 보통인 거대한 투표 블록을 형성한다.

관료제의 억제

어떤 기법이 관료들의 이익이 대중의 이익, 또는 심지어 정치인의 이익과 부합되게 하는 데에 도움이 될 것인가? 한 가지 아이디어는 상이한 기관들 간에 어떤 경쟁 조치를 도입하는 것이다. 그들은 그들의 서비스 공급을 두고 민간 기업과 경쟁하도록 강요받을 것인데, 이는 쓰레기 수거 및 고속도로 보수 관리와 같은 업무에서 흔한 기법이다. 예컨대 경찰 업무에서 흔히 나타나듯이, 대규모 기관을 지역 기관들로 분리하여 그들의 성과들이 서로 비교되도록 하는 것이다.

기관들은 아마도 그들이 재량껏 쓸 수 있는 포괄적 보조금block grant 방식이 아니라 그들이 성취한 결과에 의해서만 보수를 받을 수 있다. 그러나 이것은 척도를 전혀 생각하지 않고서 정의를 내리기 어려운 산출물에 가격을 매기는 것을 의미한다. 심지어 기관들을 민간 공급자와 경쟁하게 만든다는 생각도 문제가 있다. 그것은 계약들을 검토하고 판정하는 요구하는 어떤 다른 공공 기관들이 경험에 의하면 공공 기관들은 대개 그런 조달에 아주 익숙해 있는 것이 아니다.

최근의 문제들

그러나 관료제에 관한 니스카넨의 상당히 음울한 시각은 게임 이론의 적용을 받았으며 더 새롭게 검토를 받았다. 현대의 몇몇 공공선택론 학자들은 정치인들이 실은 관료들에 대해 상당한 통제력이 있다고 주장한다. 그들은 예산 삭감 및 전문기술적 제재를 통해 관료들을 징책할 수 있다. 그들은 관료에게 질문 공세를 퍼부을 수 있다. 그들은 관료의 무능과 부정이 드러나면 공개적으로 폭로하여 수치를 줄 것이라고 위협할 수 있다. 몇 사람만 처벌해도 다른 사람들이 규칙에 따르도록 하는 데 충분할 것이다. 그들은 표준과 성과를 높이고 관료의 월권을 막을 목적을 가진 유인들을 새 입법 속에 넣을 수 있다.

따라서 관료제를 관리하는 데에는 세밀한 통제가 필요 없을지 모른다. 그렇다 할지라도 정치인들은 니스카넨 및 다른 사람들이 처음 생각한 것보다는 세밀한 통제를 훨씬 잘 할지 모른다. 기관들은 입법부 전체가 아니라 특수한 위원회들에 의해 규제된다. 그러한 위원회에 앉은 사람은 그들이 감독하는 관료만큼이나 정부 업무에 통달해 있을 것이다. 그 점 또한 적절한 통제력을 제공하기에 아주 좋을 것이다.

그럼에도 불구하고, 커져가는 관료제를 제어하는 실제적 시도들은 많은 나라에서 실패해왔다. 정치인들이 관료들을 없애거나 억제하는 것보다 새 기관을 창설하는 것이 훨씬 더 쉽다. 또한 삭감하는 것보다는 확대하는 것이 정치적 이득은 더 많다. 커져가는 관료제는 단지 우리의 민주 체제가 작동하는 방식이 보다 근본적으로 잘못되어 있다는 점의 한 증세일 뿐이라고 주장할지도 모른다. 그러한 문제들을 치유하기 위해 우리에게 필요한 것이라고 많은 공공선택론 학자들이 주장하는 것은 보다 나은 헌법적 통제이다.

10장

헌법의 역할

의사결정의 비용

헌법의 내용

뷰캐넌의 재정 헌법

연방주의

문제 및 원리들

공공선택론의 논리는 우리가 이익집단, 입법가 또는 관료제에 의해 반드시 수탈당하게 되어 있다고 판정하는 것은 아니다. 공공선택론 중 버지니아 학파의 접근 방법은 그러한 남용으로부터 자신들을 보호할 수단으로 헌법의 역할을 특히 강조한다. 또 그렇게 하기 위해 자기 이익을 추구하는 합리적 개인들이 창설하고자 하는 헌법의 유형을 탐구한다.

《합의의 계산》*The Calculus of Consent*에서 뷰캐넌과 털럭은 왜 우리가 우선 정부를 필요로 하는가를 설명하는 것으로부터 시작한다. 무정부란 바람직한 상태가 아니라고 그들은 말한다. 약자들은 자신들이 강자들에 의해 학대받는다고 생각할 것이며, 반면에 강자들조차 다른 사람들로부터 끊임없이 파괴적인 적대적 위협을 받는 것보다 생산적인 평화를 더 좋아할 것이다. 이런 상황에서는 사람들이 무정부로부터 벗어나고자 각인 간에 일련의 일대 일 합의one-to-one agreement를 만들어 냄에 따라 국가라는 제도가 진화할 뿐이다.

개인들은 약탈을 서로 자제하기로 합의함으로써 타인에게 약탈당하는 것을 줄일 수 있고, 서로 보호해주기로 합의함으로써 그들은 자신을 자체적으로 보호하는 데 드는 높은 비용의 일부를 줄일 수 있고, 집합적 행위에 합의함으로써 그들은 그들 자체적으로 하기에는 너무 큰 건설적 사업들을 수행할 수 있다.

그러나 이러한 합의 체계에 도달하는 데에 모든 사람으로 구성된 어떤 물리적 결사체를 요구하는 것은 아니다. 뷰캐넌과 털럭은 그것은 개인들 간의 무수한 일대 일 합의들의 결과라고 본다. 그러한 협정들의 네트워크가 확대되어 계획에 의거하지 않고 이룩된 체제를 형성한다. 무수한 민사 법원 판결들이 성장하여 보통법 체계를 형성하듯이, 또는 무수한 쌍방의 거래들이 시장을 형성하듯이 말이다. 그것이 마치 어떤 의식적인 설계에 의해 형성된 것으로 보일지 모르지만 실제로 이러한 사회 질서는 합리적이고 자기이익 중심적인 개인들의 행위들로부터 자연적으로 나타나고 성장하는 것이다.

의사결정의 비용

이러한 협정의 네트워크에 들어오도록 강요받는 사람도 없다. 뷰캐넌과 털럭은 사람들이 그것을 받아들이는 것은 전적으로 자발적인 것이라고 보고 있다. 일반적 사회 합의의 일부가 되고 그 편익을 공유하기 위해서는 개인은 자신의 행동에 대한 어떤 제한을 받아들여야하지만, 그들은 그것이 무정부 상태에 있는 것보다는 더 좋은 것으로 여길 것이다. 그래서 합의는 완전히 만장일치적인 것이다. 어느 누구도 자신의 후생을 더 나쁘게 만들 합의를 하도록 강요받지 않을 것인데, 이는 자유 시장에서 바람직하지 않은 홍정을 받아들이도록 강요받는 사람이 아무도 없는 것과 같다.

그러나 정확히 어떤 집합적 행위가 수행될 것인가라는 점에 관해서는 문제가 나타나기 시작한다. 그러한 행위가 서로 간의 보호를 촉진할 수도 있지만, 소수파를 착취하는 데에 사용될 수도 있다. 집합적 의사결정이 만장일치여야 한다면 그러한 가능성은 없는데, 왜냐하면 어떤 정책에 의해 위협을 받는 사람은 누구든지 단지 그것을 거부할 것이기 때문이다. 그러나 만장일치는 높은 **의사결정 비용**decision-making cost을 의미한다. 그것은 만약 한 사람이 모든 안을 가로 막을 수 있다면 거의 모든 것에 관해 합의에 도달하는 것은 아주 어려울 것이다. 잠재적인 **외부 비용**external cost은 회피될지 모르지만, 만장일치제 규칙은 또한 결코 합의에 이르지 못함으로 인해 우리가 집합적 행위에서 나오는 많은 잠정적 이득들을 놓칠 수 있음을 의미할 수 있다. 물론, 반대로 보면 만장일치보다 낮은 것을 요구하는 규칙은 결정을 내리기가 더 쉽지만, 개인들이 착취당할 수 있는 위험에 빠지게 한다.

뷰캐넌과 털럭은 이러한 난제에서 벗어나는 길은 2단계 과정을 갖는 것이라고 한다. 첫 단계는 **헌법직**constitutional 단계인데, 거기서는 집합적 의사결정을 필요로 하는 영역에 관해 합의를 하며, 미래의 결정들이 이루어질 때 의거할 **규칙들**rules을 설정한다. 의제agenda 및 의사결정 규칙이 정해진 경우에만 우리는 실제로 무엇을 할 것인가에 관해 집합적 결정을 내리는 두 번째 단계로 나아갈 수 있다. 헌법적 단계는 **무엇**What이 결정되어야 할 것이며, 그리고 그것이 **어떻게**how 이루어져야 할 것인가에 관한 것이다. 그 이후에 우리의 관심은 실제로 선택을 하는 것으로 옮아간다. 예컨대, 뷰캐넌과 털럭은 석유 채굴자들은 유전이 집합적으로 관리되어야 한다는 것, 채굴권에 관해 의사결정이 어떻게 이루어질 것인가에 관해 합의할 수 있다. 그러나 두 번째 단계에서는, 그들은 그러한 결정이 이루어질 때에 자신들에게 배정된 특정한 할당량에 대해 합의하지 않을 수 있음은 당연하다.

뷰캐넌과 털럭은 헌법적 합의는 반드시 만장일치이다. 합리적이고 자기이익 중심적인 개인이라면 자신들을 착취할 장래의 결정을 낳는다고 생각한 의사결정 규칙에 아무도 동의하지 않을 것이다. 그러한 만장일치는 실현되기 어려운 목표tall order로 보이겠지만, 일반적으로 사람들은 사회의 보호를 향유하고 무정부를 벗어나기 위해 합의에 도달하기를 갈구한다. 그리고 미래의 결정이 자신들에게 어떻게 영향을 미칠지 아는 사람은 아무도 없기 때문에 모든 사람은 같은 종류의 통제와 보호를 요구하는 경향이 있다.

헌법의 내용

헌법이 해결해야 할 한 가지는 그 후속적 집합적 의사결정을 내리는 데 사용될 과반수이다. 사람들 간에는 단순 과반수 규칙이 집단의 선택에 대한 올바른 규칙이라고 가정하는 자연스런 경향이 있다. 우리가 친구 및 동료들 간에 내리는 대부분의 일상적 결정들이란 결국엔 과반수이다. 그러나 가능한 투표 규칙들이 많으며 단순 과반수 규칙에 특별한 것도 없다. 사실, 어떤 회사가 그 헌법을 형성할 때에는 각 결정들에 대해 다른 투표 규칙들을 가질 것이다. 회원들의 클럽들도 유사한 절차를 갖고 있다. 전체 구성원 중 51%를 차지하는 집단은 49% 집단보다 훨씬 더 많은 권위를 갖는 것으로 보이지 않는다. 그러나 과반수 투표에서는 전자 집단이 후자를 지배하게 된다.

뷰캐넌과 털럭은 몇몇 투표들에 대해서, 특히 소수 집단이 착취당할 위험이 높은 경우에 또 착취의 잠재적 규모가 클 경우, 더 크거나 '가중된'qualified 과반수를 요구하는 것이 타당 할 것이라고 시사한다. 실제로 그들은 합리적 개인들은 그런 헌법적 안전장치를 요구할 것이라고 믿고 있다. 헌법 단계에서 개인은 미래의 **불확실성**uncertainty에 직면한다. 그들은 어떤 미래의 정책안들이 다가 올지, 또 그들이 승자 편에 혹은 패자 편에 있게 있을지를 모른다. 따라서 개인들은 모든 투표에서 만장일치를 요구하는 것은 너무나 번거로운 일이지만, 어떤 잠재적으로 큰 손해를 줄 수 있는 결정들에 대해서는 어떤 가중된 과반수, 예를 들면 2/3 규칙이 타당하다는 것을 받아들일 지도 모른다.

자기 이익 중심적인 개인들에 의해 도출되는 헌법은 또 입법가들에게 주어진 권력도 제한한다. 대중 전체가 모든 안건들의 세부 사항에 대해 싸워야 하기보다는 결정을 내릴 대표들을 임명하는 것이 타당하지만, 선출된 공무원들에게 완전한 의사결정 권력을 주는 것은 아주 위험할 것이다. 그것은 의회의 결정의 결과로 개인들 및 소수파가 해를 입을 수 있다는 것을 의미할 뿐 아니라, 우리는 권력은 부패하며 대표들에게 권력을 너무 많이 맡겨서도 안 된다는 것 또한 경험을 통해 알고 있다. 그래서 헌법은 입법가들 및 특히 관료들이 결정할 수 있는 것에 제한을 가해야 한다.

뷰캐넌의 재정 헌법

뷰캐넌에 의하면 조세 정책에 대하여 특히 주의 깊게 통제할 필요가 있는데, 왜냐하면 이것이 과반수 결정들이 소수파 집단에게 특별히 가혹한 피해를 야기할 수 있는 분야이기 때문이다. 따라서 처음부터 조세 규칙들이 정의되고 지정되어야 한다. 합리적 개인들이라면 꼭 그렇게 되게 할 것이다. 예컨대, 가난한 사람들은 부자들에게 무거운 부담을 지우는 세법에 찬성할 것으로 상상할지 모른다. 그러나 헌법은 영속하게 되어 있어서 그것들에 관해 늘 재협상하는 것은 너무나 힘들며, 사회 이동성에 관한 합당한 척도가 주어질 경우 자신이 결국 어느 상태에 있게 될지를 아주 잘 아는 사람은 아무도 없다. 당신은 지금 과반수 집단 속에 있지만, 그게 꼭 지속되지는 않을 것이다. 부자 및 가난한 자들 모두에게 합리적인 선택은 모든 집단들을 평등하게 대우하는 조세 체계를 지지하는 것이다.

지출에서도 마찬가지이다. 뷰캐넌은 일반적 이익을 위한 지출만이 헌법적 단계에서 만장일치로 합의될 것이라고 믿고 있다. 당신 자신의 특별한 집단에게 특혜를 주기 위해 규칙을 왜곡하려는 것은 당신이 몇 년 지나면 더 이상 그 집단 속에 있지 않을지도 모르는 경우에는 의미가 없는 일이다. 이것은 뷰캐넌이 인정하듯이 현재의 우리의 모습과는 아주 동떨어져 있는 것인데, 왜냐하면 너무나 많은 국가 지출이 자신들에게 이익을 돌리려는 특수 이익집단들에게 포획되어 있기 때문이다. 이 상태에서 벗어나 합리적 개인들이 원한다고 그가 믿는 비차별적 형태의 헌법으로 도달하는 것은 어려울 것이다. 우리가 차별 없는 헌법적 규칙들을 확립 할 수 있기 이전에 복지 수혜자들과 같은 몇몇 집단들이 매수 되어야 할 것이다.

뷰캐넌은 건전한 헌법적 조세 규칙들이 총 조세 부담을 제한할 것이며 특정 이익집단들에게 이익을 주기 위해 세원稅源이 조작되지 못하도록 할 것이라고 믿고 있다. 사실, 과세의 부담과 공공 지출의 이익이

상이한 집단들 간에 어느 정도까지 전가될 수 있는가에 관한 규칙이 있어야 할 것이다. 과반수가 단지 시간적 전가time-shift, 즉 당장 자신들에게 이익을 주고 미래 세대들이 그에 대해 가격을 지불하게끔 표를 던지는 것을 못하도록 하기 위해서는 균형 예산이 되어야 할 필요가 있을 것이다. 조세들은 그 부과 목적들에 맞추어 특정되어야 할 것이다. 재산권 소유 및 국가가 어디까지 사적 재산권을 잠식할 수 있는가에 관한 확고한 규칙들이 있어야 할 것이다. 또한 대중에 대한 일종의 유령적 조세이며, 어떤 집단들(예금자)에게 다른 사람들(채무자)보다 더 큰 해를 주는 통화 가치 저하가 되지 않도록 하기 위해 정부의 화폐 공급에 관한 규칙이 있어야 할 것이다.

이러한 형태의 만장일치적 규칙 없이는 국가는 과잉 팽창할 것이고, 몇몇 집단들에게 특혜를 줄 것이며, 다른 집단들에게 부담을 지우고 전반적으로 유인을 깎아내릴 끊임없는 위험이 있다고 뷰캐넌은 주장한다.

연방주의

권력을 제한하는 또 다른 길은 그것을 나누는 것이며, 버지니아 학파는 그러한 지방주의 및 연방주의에 대해 열렬하다. 중앙에 의해 또 지방에 의해 결정을 내리는 비용 및 편익에는 상호대체성이 있다. 큰 집단보다 작은 집단에서 결정에 이르기가 더 쉽고, 따라서 가능한 한 지방적으로 결정을 내리는 것이 이치에 맞다. 전국 수준의 정부들이 인상적으로 보일지 모르나 바로 그 선거민들의 규모 때문에 합의에 도달하기 더 어렵다.

다른 요인도 있다. 모집단의 동질성, 선거민들이 공통의 목표들, 가치들 및 접근 방법들을 공유한다면 보다 다양한 시각들 및 견해들을 가진 전체 집단보다 합의에 도달하기가 더 쉬울 것이다.

만약 모집단이 극히 크고 극히 이질적이라면, 많은 사항들에 관해 집합적 결정에 전혀 도달할 수 없을 것이다. 이 경우, 선택은 공적 조치보다는 사적 행위에 맡기는 것이 가장 좋으며 또 아마 그럴 것이다. 미국은 그런 크고도 다양한 사회의 한 예이다. 그러나 모집단이 작고 동질적이라면 합의는 보다 쉬울 것이며 우리는 더 많은 결정들이 집합적으로 이루어질 것이 틀림없다고 기대할 수 있다. 예컨대, 스칸디나비아의 작은 규모의 동질적 사회들에서 흔히 그러하듯이 말이다. 분명히, 전국 수준에서만 내려질 수 있는 결정들이 있다. 예컨대, 국가 경제정책이나 국방 네트워크의 제공이다. 또한 한 지리적 권역에게는 좋지만 다른 것에게 문제를 야기하는 정책들도 있다. 즉, 새로운 산업 개발이 하류의 다른 지역으로 흘러가는 물을 오염시키는 것과 같다.

그러나 일반적으로는 정치적 선택들은 가능한 한 지방에서 이루어지는 것이 가장 좋다. 예컨대, 새 나이트클럽을 허가할 것인가 말 것인가라는 몇몇 결정들은 결국에는 순전히 지방적 효과를 갖는 것이며, 따라서 그것들에 관해 전국 수준에서 전반적 합의를 얻으려 하는 것은 쓸데없는 짓이다. 연방 체제는 또한 정부들이 지역의 특정한 필요에 맞추어 구조, 서비스, 법 및 규제들이 갖추어 지는 것을 허용한다.

지방주의의 또 다른 이점은 결정된 것을 당신이 좋아하지 않을 경우에는 이를 벗어나는 것이 가능해 진다는 것이다. 지방의 과반수가 당신을 착취할 것으로 위협한다면 당신은 어딘가 다른 곳으로 이주하면 그만이다. 당신이 특별히 원래의 지방에 깊은 뿌리를 갖고 있을 경우에는 그것이 즐겁거나 쉬운 일이 아닐지 모르지만, 그것이 가능하다는 사실은 지방 당국이 소수자들을 착취할 가능성에 한계를 부과한다.

문제 및 원리들

버지니아 학파의 헌법에 관한 시각은 모든 사람에게 확신을 주는 것은 아니다. 많은 비판자들은 사람들이란 뷰캐넌과 털럭이 그린 것처럼 위험기피적risk-averse인 것이 아니며, 그들은 집합적 결정의 엄청난 잠재적 편익은 세금을 더 많이 지불해야 하는 위험을 무릅쓸 만한 가치가 있는 것으로 여길 것이라고 주장한다.

우리는 모든 사람의 만장일치적 합의에 의거한 것이 아닌 헌법과 관행들을 가지고 있다는 것이 사실이다. 오늘날 사람들은 그들의 선조들에 의해 작성된 오래 된 헌법 규칙들에 의해 자신들이 구속받고 있으며, 그것에 대해 그들은 아무 결정권도 없는 상태라고 알고 있다. 세상의 많은 헌법들이 좁은 과반수들에 의해 만들어졌거나, 혹은 이익집단들에 의해 탈취되어왔거나, 또는 입법부에서의 단순 과반수에 의해 수정될 수도 있다. 예컨대, 영국 의회의 과반수 결정들은 귀족원House of Lords의 권력과 구성을 변경해왔으며, 영국의 대중으로부터 만장일치든 다른 형태의 것이든 어떠한 허락도 구하지 않은 채 많은 업무들을 유럽연합EU에 이양했다. 그리고 의회는 주권자sovereign이다. 조세를 부과하거나 재산을 압수하는 그 권력에 대한 헌법적 제한은 없다. 그러나 대부분의 사람이 이주하지 않기로 작정하고 있다는 사실이 그들이 암묵적으로 이 '헌법'에 동의한다는 증거로 간주될 수는 없다.

그럼에도 불구하고, 버지니아 학파의 헌법이론은 경제 및 정치 이론에 결정적인 변화를 가져왔다. 한때 경제학자들은 그들이 사회 후생 전체를 높일 대담한 정책안들을 설계하는 방법을 안다고 생각했다. 그러나 버지니아 학파는 경제학자들은 개인의 생각과 마음을 간파할 수 없으며, 그들이 그와 같은 정책 변화들에 어떻게 가치를 부여하는지를 알 수 없다는 점을 지적했다. 완전한 합의가 있는 경우에만 우리는 새 제도가 유익하다고 확실히 말할 수 있다. 그리고 장래의 정책들이 어떻게 결정될 것인가를 정하는 헌법이 영속될 것으로 보일 때에, 그것을 바로 잡는 것이 특별히 중요한 것이 된다.

11장

공공선택학의 성취와 쟁점들

몇 가지 성취

사익(私益)의 문제

헌법적 쟁점

사익을 추구하는 공공선택론?

공공선택론은 경제학자들, 정치학자들 및 심지어 대중들이 정치 과정의 작동을 어떻게 보는가에 대해 큰 차이가 있음을 보여주었다. 그것은 우리의 정치제도를 다루는 사람들, 그리고 관련된 사람들의 개인적 이해가 어떻게 공익이라는 이름으로 만들어지는 결정들을 형성하는가를 설명한다. 그 접근 방법의 몇몇 부분들이 어디까지 실제 세계와 부합하는가라는 문제가 남아 있으며, 이는 상이한 정치제도들이 너무 많이 존재할 때에 특히 그러하다. 그러나 이는 공공선택론이 엄청난 잠재력을 가지고 있는 신생 학문임을 보여주는 것일 뿐이다.

몇 가지 성취

공공선택론은 정부 개입이 '시장실패'market failure에 대한 완벽한 해결책이라고 보는 경제학자들의 생각 없는 가정에 정면으로 도전하는 데 확실히 성공을 거두었다. 그것은 '정부실패' 또한 존재하며, 독점, 불완전한 정보와 같은 결점 및 어떤 조치들은 제3자에게 역효과를 미친다는 점이 시장보다 정치에서 더 흔하다는 점을 우리에게 상기시켜주었다. 정부의 의사결정 과정 그 자체란 불완전한 것이며, 기이한 선거제도들, 전략적 투표, 이익집단의 연합 및 입법가와 공무원들의 개인적 이해로 인해 왜곡되고 있다. 많은 경우 시장의 현실을 받아들이고, 국가의 개입 기제를 전혀 쓰지 않은 것이 더 나을 것이다.

공공선택론은 또한 '공익'public interest이란 전문가들에 의해서 식별되고 계명된 정책을 통해 성취될 수 있는 것이라는 경제학자들의 주장을 약화시킨다. 그와는 반대로, '공익'에 관한 견해들은 개인들의 수만큼이나 많은 것이며, 그 개인들의 견해들 및 가치들이란 자기들만의 것이어서 몇 가지 산수 공식을 통해 더하거나 빼거나 평균을 구할 수 없다.

공공선택론의 또 다른 업적은 정부의 실제적 작동에 초점을 맞춘 것이었으며, 또 우리로 하여금 우리의 현존 정치제도들에 의해 우리가 과연 얼마나 잘 봉사받고 있는가에 관해 의문을 갖게 만든 것이다. 그것은 이익집단들, 연합들, 로그롤링, 지대추구, 정부의 비대화, 전략적 투표 및 유권자들의 합리적 무지와 같은 현상들의 보다 넓은 정치적 효과들을 명백히 밝힌다. 그것이 투표자들, 입법가들, 공무원들의 개인적 이해들에 초점을 둔다는 점은 왜 대중이 정치에 회의적인가를 설명하는 데 도움이 된다. 또한 그것은 우리가 그 아래에서 살아가는 정치제도의 성격이 어떤 집합적 선택들이 만들어지느냐에 결정적 영향을 미친다는 것을 우리에게 보여준다. 그것은 정치제도들이 어떻게 그토록 흔히 실패하는가를 보여준다. 또 그것은 강화된 과반수 투표*와 대안적 투표 또는

* 역자 주: 본래, 단지 50%+1명만을 표결 요건으로 정한 것이 단순 과반수 투표(simple majority voting)이다. '강화된 과반수 투표'(qualified majority voting)는 단순과반수 투표의 문제점을 인식하여 60% 찬성, 또는 2/3 찬성이나 3/4 찬성을 요하게 만든 투표 규칙이다. 본래 과반수(過半數)란 '투표자의 절반(50%)을 초과하는'(즉 투표자의 50%+1명) 것을 의미한다.

이전 가능한 투표 제도들 및 헌법 개혁들과 같은 정부실패를 줄이는 데 도움이 되는 대안들이 있음을 보여준다.

사익私益의 문제

그럼에도 불구하고, 공공선택론적 접근 방법의 다른 부분들은 여전히 논란이 되어 있다. 예컨대, 몇몇 사람들은 그것의 버팀목이 되고 있는 합리적 개인주의가 인간성에 대한 정말로 좋은 서술인가에 의문을 제기한다. 결국엔 우린 사회적 동물들이며, 동물적 및 사회적 맥락이 우리가 무엇을 하고 무엇을 생각하는가를 형성한다. 우리의 인간성에는 커다란 유전적 인자가 있는데 우리는 그에 관한 합리적 통제를 제한해 왔을지도 모른다. 우리는 집단들 속에서 일한다. 사실, 많은 사람들이 금융 부문이 투자의 추세를 따를 때에 '떼거리 정신'herd mentality이 있음을 비판한다. 우리가 행하는 많은, 아마도 대부분의 선택들이 합리적 계산의 산물이라기보다 본능적인 것이거나 혹은 수년에 걸친 사회 압력의 당연한 결과이다. 우리는 정말 공공선택론 학자들이 상상하는 것만큼 합리적인 것이고, 또 그만큼 개인주의자인가?

다시 말하면, 정치조차도 자신들에게 이익이 되고자 교환을 하는 합리적 개인들에 관한 것인가? 사실은 정치란 권력에 관한 것이며, 그것으로 다른 개인들 및 집단들이 그들의 원하는 바에 타인들이 따르도록

따라서 엄밀히 보면, "과반수가 된다"라고 해야 정확한 표현으로 그것은 절반을 넘었다(초과)는 말이며, "과반수를 넘었다"고 말하는 것은 절반을 초과한 것을 다시 초과했다는 것이 되어 이중적 표현으로 섞어노 학문직으로는 정확힌 언어 사용이라 볼 수 없다.

강제하는 것인가? 공공선택론 학자들은 첫 번째라고, 또는 최소한 첫 번째의 결과가 두 번째라고 말하지만, 그들의 관심의 초점을 두 번째에 많이 두고서 과반수 및 집중된 이익집단들의 권력을 탐구한다.

합리적이라고 알려진 개인들은 도대체 왜 귀찮게 투표를 하는가라는 의문이 여기에서 적합한 의문이 되는데, 왜냐하면 개개의 한 표란 선거를 전혀 결정하지 못할 것이며 설사 그것이 선거를 결정한다하더라도 그것이 개별 투표자에 미치는 결과는 극히 불확실하기 때문이다. 아마도 우리는 경제학적 접근이 우리에게 주는 것 이상으로, 인간의 사회 심리학에 기초한 더 깊은 설명이 필요한 것일까?

이에 대해, 공공선택론 학자들은 사람들의 동기가 정확히 어떻게 또 무엇으로부터 연원하는가는 중요하지 않다고 답한다. 중요한 것은 우리가 분명히 가치와 동기 및 욕구를 가지고 있으며, 그게 무엇인건 간에 그것들의 극대화를 추구한다는 점이다. 우리는 군중의 일부가 되기 원할 수도 있으며 혹은 우리의 동료 인간들을 돕기를, 혹은 명예롭게 살기를, 혹은 다른 무수한 고상한 야망들을 갖기를 원할 수도 있다. 그러한 목표들을 추구함으로써 우리는 실제로 우리 자신의 욕구들 — 우리 자신의 이익 — 에 기여하는 것이다. 우리는 자선을 필요로 하는 사람에게 그것을 줌으로써 우리 자신을 금전상으로는 더 가난하게 만들 수도 있지만, 우리는 여전히 우리의 후생이 이렇게 함으로써 더 나아졌다고 계산한다. 공공선택론 학자들은 또한 자기 이익은 모든 때에 모든 상황에서 모든 사람들에게 동기를 부여하는 것이 아니라, 정치 체제 내에서의 동기 부여 요소일 것이라고 가정함이 신중한 것이라고 주장한다.

헌법적 쟁점

다른 문제점들도 있다. 만약 정치가들(및 그 문제에 관한 투표자들)이 정말로 자기 이익을 추구한다면, 모든 헌법 규칙들이 그것들을 내포하고 그들의 이익을 대중의 이익과 부합되게 하지 않을까? 뷰캐넌은 미국 헌법에는 양원, 대통령과 사법부 간의 권력분립 및 대통령의 거부권과 헌법 개정에 대한 입법부의 가중된 과반수 투표와 같은 옳은 점이 아주 많다고 주장한다. 그럼에도 불구하고 미국 정치는 로그롤링 및 지대추구가 만연하며, 입법가들 및 공무원들의 역할과 권력은 계속 커진다. 뷰캐넌 말로는 이는 제한받는 정부가 아니라 '헌법적 무정부'constitutional anarchy이다.

몇몇 비판자들은 버지니아학파의 헌법에 대한 초점에 관해 더 전반적인 우려를 표한다. 미국 헌법조차도 만장일치 합의의 사안이 아니다. 그것에 대해 투표한 적이 전혀 없는 사람들은 어쨌거나 그것에 암묵적으로 동의한다고 우리가 정말로 주장할 수 있을까? 슬픈 사실은 대중은 놀라울 정도로 오랫동안 여러 가지 정치적 부정의不正義, injustice를 감내할 것이라는 점이다. 헌법적 무정부를 벗어나기 위해서는 혁명이 필요할지도 모르지만, 기존의 엘리트들은 그것을 추진함에 관심이 없으며, 일반 대중의 이익들이 분산되어 있음은 개혁을 위한 점화 계기가 없다는 것을 의미한다.

무정부 상태에서 벗어나고자 하는 사람들이 버지니아 학파의 헌법 이론이 시사하는 것처럼 정말로 정부에게 권력을 주는 것을 우려할까? 사람들이 실제로는 집합적 행동의 크고도 분명한 이익을 얻기 위해서는 그들이 미래 언젠가에 착취당할 지도 모른다는 위험을 기꺼이 감수할 수도 있는 것일까?

이것들이 실험경제학이 지금 해결에 기여하고자 하는 문제들이다.

예컨대, 사람들이 사회 합의 속에서 자신의 위치가 어디일 것인가를 알지 못한 채 사회 합의를 선택한다면 극빈 상태에 사는 위험을 무릅쓰기보다는 최소한의 소득이 높은 것을 선택할 것이라는 존 롤즈John Rawls의 유명한 이론이 있다. 그러나 1987년에 노만 프롤리히Norman Frohlich 등은 학생들이 이러난 합의를 절대 채택하지 않는다는 것을 보여주었다. 그들은 평균적 소득이 극대화되는 사회를 더 선호한다 — 비록 그것의 어떤 최저한도가 있기는 하지만 그 최저한도가 아주 낮은 사회 말이다. 환언하면, 그들 자신의 미래에 관해 적어도 약간의 위험을 기꺼이 감수하려고 한다. 따라서 뷰캐넌과 털럭과는 반대로, 사람들은 헌법 합의에서 위험들을 감수하려고도 하지 않을까?

사익을 추구하는 공공선택론?

공공정책론 주장자들에 관한 또 다른 비판은 학문에도 자신들의 자기 이익을 개입시킨다는 것이다. 몇몇을 거명해보면 버지니아 학파의 제임스 뷰캐넌James M. Buchanan, 윌리엄 니스카넨William A. Niskanen 및 고든 털럭Gordon Tullock과 시카고의 게리 베커Gary S. Becker 및 조지 스티글러George J. Stigler와 같은 많은 공공선택론 학자들은 자신들을 자유주의자liberals(미국이 아니라 유럽식 의미)라고 여긴다. 그럼 그들이 제안하는 정부에 대한 제한들은 단지 국가 권력에 대한 그들의 혐오의 한 증세에 불과한 것인가?

그들의 답은 간단할 것이다. 공공선택론 학자들은 시장은 완벽하지 않음을 잘 알고 있지만, 공공선택론은 정부 행위 역시 근본적 결함들을 겪고 있음을 드러낸다. 과반수 투표, 또 이익집단의 존재, 지대추구 기타의 종국적 효과가 비효율적으로 큰 정부를 만들어 내는 것임을 증명하기는 아주 쉽다. 그것은 정치적 성명이 아니라 실제적이고 경제적인 사실의 문제이다. 그들은 자신들의 목표가 이 점을 설명하는 것일 뿐이라고 말할 것이다. 즉, 몇몇 경우에 그것들을 교정하는 데 도움이 될 수 있는 제도적 변화들을 제시하는 것이다.

시카고 학파는 특히 순수한 정부 경제학에 더 초점을 둔다. 그것은 신고전파 가격이론, 균형분석, 합리적 선택의 도구를 적용하여 공공선택론의 이슈들을 순수한 미시경제학 이론의 관점에서 분석한다. 그것은 공공의 의사결정 과정의 성격에 대한 가치 판단을 기피하고, 그 대신 정부를 '정치 시장'political market으로 파악하여, 그것을 통해 합리적이고도 자기 이익 중심적인 '경제적'economic 주체들이 자신들의 이익을 추구하며 부를 공동체에 걸쳐 재분배하려고 한다고 본다. 그것은 예컨대 정책 결정들이란 정부의 법 및 규제의 '공급'supply과 그것들에 대한 대중의 '수요'demand를 균형 지어주는 '가격'price이라고 본다. 그것은 이들 정치 시장이 얼마나 잘 작동되며, 그것들이 어느 정도로 기술적으로 효율적인가를 묻는다. 만약 사람들이 농업의 일자리들을 보호하기 원한다면, 농업보조금은 그것을 위한 가장 효과적인 방법인가? 이익집단들은 공동체의 자원을 얼마나 잘 성공적으로 자신들에게 끌어오고 있는가?

공공선택론 문제들에 순수 미시경제학을 이렇게 적용하기 때문에 개리 베커와 같은 시카고 학파 학자들은 동일한 분석을 범죄, 교육, 이타주의, 가족, 이민 및 이타주의의 경제학과 같은 관련 정책 이슈들에 적용해왔으며, 흥미롭고도 때때로 놀라운 결과들을 얻었다.

일반적으로 보면, 시카고 학파의 결론들은 버지니아 학파의 결론들과 크게 동떨어져 있지 않음이 보통이다. 비록, 이데올로기를 거부하고 냉정하게 과학 그 자체를 추구하는 시카고 학파의 선도자들에 대해 자기 이익을 공격하는 것이 더 어렵기는 하지만 말이다. 그러나 만약 시카고 학파에 대한 비판이 있다면 그 학파의 가정들 중 많은 것(연합 형성은 용이하며, 무임승차는 통제될 수 있거나 이익집단들이 효율적으로 작동한다)이 가능성이 희소하다는 점일 것이다. 그것들은 의도적으로 주어진 것이며 경제학의 '완전 경쟁'perfect competition 가정과도 같다. 우리는 이런 완벽한 세상은 절대 존재할 수 없음을 알지만 그럼에도 불구하고 이러한 원리들을 이해하는 것은 우리에게 흥미롭고도 유용한 통찰력을 준다. 문제는 추상적인 이론을 현실과 혼동할 때 발생한다. 예컨대, 비록 경제학자들은 표를 매수하는 것과 시장에서 사람을 매수하는 것이 경제학적 관점에서는 거의 차이가 없고 똑같이 효율적인 것이라고 간주할지 모르지만, 일반 대중은 표를 위해 공개적으로 뇌물을 제시하는 것을 크게 충격적인 것으로 여길 것이다.

12장

공공선택학의 현재 및 미래의 지평

오래된 아이디어들의 재검토

2세대 학자들의 논쟁

3세대의 개척자들

게임이론

앞으로의 가능성

공공선택론의 '2세대 학자'second generation들은 던컨 블랙Duncan Black, 앤서니 다운즈Anthony Downs, 멘슈어 올슨Mancur Olson, 제임스 뷰캐넌James M. Buchanan, 고든 털럭Gordon Tullock 및 윌리암 라이커William H. Riker의 '1세대'들의 아이디어들이 더 깊은 검토를 받게 했으며, 더 확장된 가정들과 정치제도들에 비추어 그것들을 검증하였다. 한 연구 노선은 어떻게 투표자들 개인의 의견들이 가장 잘 '총합되어'aggregated 그러한 개인들의 의견들을 진정으로 반영하는 어떤 집합적 결정이 되는가를 더 면밀하게 검토하는 것이었다.

특히, 그 과정을 '전략에 영향 받지 않는'strategy-proof 것으로 만드는 방법, 다른 말로 말하면, 투표자들 집단이 그들의 진정한 선호에 대해 거짓말을 하고 진정으로가 아닌 전략적으로 투표를 함으로써 결과를 조작하는 일을 못하도록 막는 방법에 초점을 두었다. 그것은 기득의 이익들에 의한 그러한 조작이 혐오스럽다고 생각하는 민주주의자들뿐 아니라, 투표자들이 그들의 의견을 정말로 정직하게 표현하지 않는다면 집합적 선택이 투표자들의 의견들을 진정으로 반영하는지를 알 수 없는 정치학자들과 정치인들에게도 중요하다.

그러나 앨런 지바드Allan Gibbard와 마크 새터스웨이트Mark Satterthwaite의 정리는 민주적 선거들은 전략적 투표에 늘 개방되어 있음을 시사한다. 그리고 두 마리의 늑대와 한 마리의 양의 사례에서처럼, 1인 1표 체제는 개별 투표자들의 느낌을 현시하지 못한다. 따라서 그 대신에 관심은 어떤 유형의 제도가 사람들의 진정한 선호를 현시할 수 있는가, 즉 공공선택론 학자들이 **수요 현시**demand revelation이라고 부르는 것으로 관심이 옮겨졌다.

에드워드 클라크Edward H. Clarke와 테오도어 그로브스Theodore Groves는 사람들의 욕망의 진정한 강도를 현시하는 방법은 그들의 결정이 다른 사람들에게 끼치는 비용에 상당하는 '유인세'incentive tax를 부과하는 것이라고 주장했다. 이것은 늑대들로 하여금 자신들의 결정이 양에게 미치는 효과를 고려하도록 강제할 것이다. 데니스 뮬러Dennis C. Muller는 사람들의 진정한 선호를 노출시키기 위한 세 단계의 투표 절차three-step voting procedure를 제안했다. 그리고 프랑스나 미국의 대통령 선거에서 여러 차례 선거를 하는 것과 같은 여러 가지의 수학적 및 현실적 주장들이 제안되고 검증되었다. 그러한 연구들은 다른 흥미로운 문제들도 노출시켰다. 투표자들은 얼마나 합리적인가, 그리고 그들이 과거의 선거 경험에 대해 적응을 하는가, 또 그들이 정말로 대체적으로 정보가 없으며 근시안적인가?

반면에, 1980년대의 공공선택론 연구들은 1세대 학자들이 초점을 두었던 양당제가 투표자의 선호를 상상했던 것 이상으로 잘 반영하는 집합적 결정들을 잘 나타내고 있음을 시사했다. 이는 시장에서의 경쟁처럼 정당 간의 경쟁은 정당들로 하여금 자신의 입장을 수정하고 보다 많은 대중의 다수에게 정말로 매력적인 것이 되는 정강들을 산출하도록 만들기 때문이다.

그럼에도 불구하고, 세계의 정치 체제는 정부 구성이 상이한 정당들의 연합에 달려 있는 다당제가 많다. 따라서 로체스터 학파Rochester School에 의해 선도된 2세대의 관심은 정당들이 어떻게 연합을 형성하는가와 그러한 연합들이 얼마나 지속할 것인가에 더 초점을 두었다. 이 결과로 나온 것이 윌리엄 라이커의 **승리 최소 연합**minimum winning coalition 아이디어이며, 이어서 나온 것이 대규모 중심 정당들은 어느 연합에서건 꼭 있어야 하므로 그것은 소수 정부minority governments를 구성할 수 있으며 또 흔히 그렇게 하기를 선택하며 공식적 동반자 관계 보다는 각 이슈에 따라 표를 던지는 투표issue-by-issue voting 협약에 의존한다는 명제이다.

더 최근에는 로저 콩글턴Roger Congleton이 자신의 책 《**의회의 완벽화**》*Perfecting Parliament*에서 주요 여섯 개 국가의 입법부 역사를 추적하고서, 선거 및 입법부의 규칙들의 발전을 결정하는데 자기 이익, 사회의 아이디어, 종교 및 제도의 현존 상태, 권위 및 관계성의 중요성을 설명했다. 쉽게 말하면, 대부분의 국가들은 뷰캐넌과 털럭이 제안했던 합리적 유형의 헌법적 합의들과는 아주 거리가 있다.

오래된 아이디어들의 재검토

2세대 학자들은 다당제와 같은 새 영역에 공공선택론을 적용한 것에 더하여 그 학문의 토대가 되는 몇 가지 개념들에 대한 검증을 시작했으며, 때로는 그것을 거의 파괴하는 데까지 나아갔다. 예컨대, 실제 조사들은 중위 투표자 원리에 대한 의구심을 높였다. 정당들은 선거 직전에는 그들의 노선에서 중도주의자가 되는 경향이 약간 더 있다. 그러나 정당들이 중도적 투표자들에게 매력이 될 것이라고 믿는 어떤 것을 지지하기 위해 그저 달려들지는 않는다. 결국 그들은 유지할 정책의 본체를 가지고 있음은 말할 것도 없거니와, 그들 뒤에는 여러 해 동안의 이념과 역사가 있을지 모른다. 그들에 대한 열성지지자들은 자신들이 발의를 도운 의안이 조금이라도 희석되는 것에 저항할 것이며, 선거구민 역시 중도로 기울어지는 것을 원칙 없는 기회주의로 거부할 것이다.

또 단순한 중위투표자 이론은 다당제 정치, 복잡하고 상호 연관된 이슈들, 양원제 입법부 및 대규모이고 다양한 선거민의 맥락 속에서도 그 가치의 일부를 상실한다. 공공선택론이 더 광범위한 정치 체제에 적용될 때에 단순한 그 이론은 다시금 그 핵심적 타당성을 상실한다.

재검토되어온 또 다른 아이디어는 공공재의 강제적 공급을 정당화하는 데 이용되는 '무임승차자'free-rider 문제이다. 공공선택론의 최근 연구는 사람들이 정말 무임승차를 하기는 하지만, 상상하는 것보다는 그 정도가 덜하다는 것을 시사한다. 아마 인간은 우리가 믿고 있는 것보다 공공 정신을 더 많이 가진, 사회적 및 협력적 창조물일지도 모른다. 그러나 동시에 이는 공공선택론적 사고의 바로 그 토대를 이루는 엄밀한 개인주의 및 자기 이익에 대한 또 다른 도전일 수 있다.

2세대 학자들의 논쟁

공공선택론의 2세대 학자들에는 윌리엄 니스캐넌William A. Niskanen과 조지 스티글러George J. Stigler와 같은 인물들이 포함되어 있다. 또 다른 사람은 데니스 뮬러Dennis C. Mueller인데, 그는 고위의 정치가들 및 관료들이 어떻게 그들의 내부 지식을 이용하여 공중의 희생하에 자신들의 의제들을 증진하고 자신들의 제국을 확대하는가를 연구하였는데, 그는 회사 경영자들도 주주들의 희생하에 거의 같은 식으로 행동한다고 지적했다. 그러나 이들 저자들이 1세대 학자들과 함께 공유했던 비관주의는 그 이후의 몇몇 학자들에 의해 의문시되어왔다.

예컨대, 입법가들은 관료들을 통제할 수 없다는 니스캐넌의 시각은 의문시되어왔다. 의회 위원회들은 때때로 그들의 행정 기관들에 대해 아주 잘 알고 있는 것으로 드러났는데, 이는 두루뭉수리한 통제가 관료제를 저지하기에는 충분함을 시사한다.

규제 기관들이 잘 조직화된 특수 이익집단들에게 포획되어 있을 뿐 아니라 실제로는 그들의 이익을 위해 설립된다는 역시 비관적인 스티글러의 시각 또한 최근 수년간 포화를 받아 왔다. '3세대' 학자인 스티글러의 시카고 동료인 개리 베커(그리고 아마도 올슨)는 대규모 집단들이 실제로는 스티글러가 상상한 것보다 아주 더 많은 투표력을 갖고 있다고 주장했다. 한편, 시카고에서 교육받은 경제학자 제임스 윌슨James Q. Wilson은 규제 기관을 포획되도록 만드는 집중된 이익과 분산된 비용의 조합은 사실 하나의 특별한 경우일 뿐인데, 이는 다른 여러 가지 결합들도 이론적으로 가능하기 때문이라고 주장한다. (그러나 이는 이론적으로는 맞지만, 그것이 민주주의자들을 가장 곤혹케 하는 기관 포획이 되어 있다.)

또 다른 2세대 사상가인 빈센트 오스트럼Vincent Ostrom은 집합적 의사결정이 그 과정을 상이한 기관들 간에 나눔으로써 어떻게 개선될 것인가를 연구함으로써 공공선택론의 지배적인 비관주의에서 벗어나고자 했다. 이는 시장 부문의 경쟁과 유사한데, 그것이 독점적 공급보다 나은 결과를 산출한다고 널리 인식되고 있다. 오스트럼은 '여러 개의 중심을 가진'polycentric 의사결정이 집합적 선택의 질과 안정성을 향상시키며, 전체 집단의 다양성에 더 잘 부합한다고 주장한다.

3세대의 개척자들

개리 베커Gary S. Becker와 시카고 학파 동료들은 순수한 정치의 경제 이론economics of politics에 더 깊이 들어가고자 노력해왔다. 그들은 재화와 서비스에 대한 수요들이 경제적 시장에서 균형을 이루는 것과 꼭 같이, 정치를 상이한 정치적 수요들이 균형을 이루는 '시장'이라고 본다.

그러나 제한된 정부의 중요성에 관한 연구로 저명한 버지니아 학파의 찰스 롤리Charles K. Rowley는 이것은 많은 제도들(미국의 불법행위법 및 장기적 무역 장벽들)이 실제로 정치적으로는 옹호될 수 없을 때 그것을 '경제적으로는 효율적'economically efficient인 것이라고 하여 옹호하는 추상적인 시각이라고 비판한다.

브루노 프라이Bruno S. Frey와 같은 다른 학자들은 정치 생활에는 단지 경제적 요소들 보다 더 많은 것이 있으며, 자존self-esteem과 같은 비금전적 동기들이 결정적으로 중요하다고 주장한다. 실제로, 배리 와인가스트Barry Weingast는 시카고 학파의 접근을 거의 뒤집고서는, **정치적**political 고려가 어떻게 **경제적**commercial 시장의 성격을 형성하는가를 탐구해왔다.

한편, 다른 3세대 학자들은 공공선택론을 흥미로운 새로운 곳들에 적용했다. 예컨대, 로버트 톨리슨Robert D. Tollison은 중세 시대 후기에 의회의 대두가 어떻게 독점이 줄어들게 만들었는가를 보여주었는데, 그것은 이제 독점을 창설하려면 군주의 동의뿐 아니라 입법부의 과반수도 필요했기 때문이다. 여기에는 오늘날 우리의 제도들에 대해 주는 교훈들이 있을지 모른다.

게임이론

현대 공공선택론이 특히 성과를 보인 최근 영역은 게임이론이며, 특히 진화적 게임 이론evolutionary game theory으로 알려진 것이다. 게임 이론은 자신의 선택이 타인의 행동에 의해 결정적으로 의존할 때 사람들이 어떻게 행동하는가를 탐구한다. 고전적인 예가 **용의자의 딜레마**prisoner's dilemma인데, 거기서는 그들이 침묵을 지킨다면 다른 사람이 자백을 할 경우 더 가혹한 처벌을 받을 것을 두려워하여 두 죄수가 다 자백을 한다. 이런 형태의 추론은 투표 상황과 아주 관련이 있는데, 자신이 바라는 후보나 결과의 기회를 높이거나 다른 사람들이 성공하는 것을 막기 위하여 다른 사람들이 어떻게 투표할 것인가를 예상하고서는 전략적으로 투표를 하는 상황과 특히 관련이 있다.

사람들이 그들 앞에 놓인 선택들을 두고 어떻게 게임을 하는지 알아냄으로써, 우리는 그들의 진정한 선호를 드러나게 하며 그리하여 대중이 진정으로 원하는 것과 더 잘 부합되고 조직화된 이익집단들에 의해 쉽사리 조작될 수 없는 결과를 산출하는 제도들을 설계할 수 있을 것이다.

이 게임이론의 또 다른 멋진 용도가 있다. 로체스터Rochester에서 가르쳤으며 윌리엄 라이커William H. Riker의 공동 저자의 한 사람인 피터 오데슉Peter Ordeshook은 그것을 이용해 특히 구소련의 새로운 민주주의들new democracies에 초점을 두어 선거에서의 사기를 규명했다.

선거 게임의 순수 이론에서 더 나아가 경제학자들은 선거나 정치에서 직면하는 것과 같은 선택들에 부딪칠 때에 실제의 사람들이 실제로 어떻게 행동하는가에 관해 실제적 실험을 수행하는 것이 유익하다고 생각해왔다. 예컨대, 노벨상 수상자인 버논 스미드Vernon Smith는 집단이 한 번만으로 끝나는 선거가 아니라 '반복적'iterated인 선택들에 직면해 있고,

다른 사람들이 투표를 하도록 요구받았을 때에 실제로 어떻게 투표를 했던가를 그들이 알 수 있을 때에, 사람들의 진정한 선호가 어떻게 현시될 것인가를 알아보는 실험을 행하였다. 그는 실험에 참가한 학생들이 다른 몇 사람들의 후생을 악화시키지 않고 모든 사람의 후생을 증진시키는, 즉 경제학자들 정치학자들이 꿈꾸는 '파레토 최적'을 만드는 타협안에 도달하는 경향이 정말 나타난다는 것을 발견했다. 이는 반복적인 투표에 의거하는 선거 제도 속에 어떤 미덕이 존재할 수 있음을 시사한다. 그 실험은 또한 그런 상황에서는 만장일치적 선택에 도달하는 것이 정말 가능하다는 것도 시사하는데, 버지니아 학파 헌법이론가들은 그점에서 용기를 얻어야 할 것이다.

앞으로의 가능성

다양한 새로운 민주주의의 출현과 성장으로 인해 공공선택론의 중요성은 새롭게 부각되고 있는데, 이는 새로운 국가들이 그들의 헌법적, 입법적 및 선거 제도들이 어떻게 구축되어야 하는가에 관한 교훈을 얻고자 공공선택론이 발견한 사실들을 지켜보기 때문이다. 그 과정에서 공공선택론은 그 창시자들에게 익숙했던 전통적인 미국 및 영국의 양당제의 과반수 투표 모형으로부터 확장하여, 더 넓은 범주의 다른 제도들을 다룰 필요가 있어 왔다.

확립된 민주주의들 또한 공공선택론으로부터 교훈을 받아 오고 있는 중이다. 입법가들과 관료들의 사적 이익들을 더 많이 인식하고 있으며 또 그것들을 억제할 필요성도 더 많이 인식하고 있다. 그러한 정책들이 점차 더 보편화되고 있다. 예컨대, 공공 기관 및 사업의 존속 기간을 제한하기 위한 일몰법sunset legislation, 민영화 및 규제 해제, 조세의 단순화, 정부기관 사이 또는 정부기관 상호 간의 경쟁, 정부가 공급을 맡는 것에 대한 시장성 조사, 정부가 채무 등을 짐에 대해 헌법적 상한을 두는 것이다.

전통적인 미국 및 영국의 제도들을 넘어서 관심이 더 나아감에 따라, 공공선택론 학자들은 비례대표제, 중대선거제multi-member seats, 정당명부제party list system와 같은 기제들의 작동을 보다 깊이 연구하고 있다. 또한 상이한 입법부 구조들, 상이한 의회 규칙들, 상이한 정당의 역할, 의제들 및 다른 이슈들을 설정할 때의 정당 혹은 국가 리더십의 역할에 관해서도 더 많은 탐구가 이루어지고 있다. 집합적 결정이 내려지는 데 정치제도의 설계가 결정적으로 중요하다는 점은 아직 두리뭉실한 결론으로 남아 있지만, 그러나 적어도 이제 우리는 그것이 얼마나 보편적으로 옳은 것인가는 안다.

부록 1

공공선택학의 주요 발달사

연도	주요 연구자들 및 그들의 업적
1781년	프랑스의 귀족이었던 보르다(Charles de Borda) 백작이 '단순 다수결 규칙'의 효과성에 관해 의문을 제기하고, 사람들이 후보자들 또는 선택 옵션들에 대해 순위를 매기는 새로운 투표규칙을 제안함.
1785년	콩도르세(de Condorcet) 후작이 보르다 백작의 제안이 이익집단의 영향력에 취약하다고 비난함. 콩도르세 후작은 '다수결 투표가 일관성 없는 결과를 초래할 수 있다'는 그 유명한 '콩도르세의 역설'(Condorcet's paradox)을 주장함. 또한 콩도르세 후작은 '배심원 정리'(jury theorem)를 통해 군중들의 지혜를 주장함.
1876년	수학자인 도지슨(Charles Dodgson)은 콩도르세의 아이디어를 발견함. 특히 도지슨은 콩도르세의 역설을 종식시키고, 일관성 있고 선호되는 승자들을 선출하기 위하여 복잡한 투표제도를 제안함.
1896년	빅셀(Knut Wicksell)은 〈공정 과세의 새로운 원리〉(A New Principle of Just Taxation)라는 에세이를 통해 집단행동을 정당화하였음. 그러나 오직 '만장일치의 투표'가 조세의 공정한 분배를 보장하고, 또 소수자들이 착취되는 것을 예방할 수 있다고 주장함.
1948년	블랙(Duncan Black)은 보르다와 콩도르세의 아이디어들을 재발견하고, 그들을 더욱 널리 전파시키고 발전시킴. 특히 블랙은 오늘날 보편화된 '중위투표자 정리'(median voter theorem)의 토대를 마련하는 데 기여함. '중위투표자 정리'란 정당들은 선거에서 중도(중위)적인 투표자들을 유인함으로써 승리할 것이라고 주장함. 그리하여 블랙은 '현대 공공선택 경제학'의 창시자라 불리고 있음.
1950년	애로우(Kenneth Arrow) 교수가 '불가능성의 정리'(impossibility theorem)를 주장함. 즉, 투표절차가 아무리 실제적이고 바람직하다고 하더라도 콩도르세(Condorcet)의 역설을 극복할 수 없다고 주장함.

연도	주요 연구자들 및 그들의 업적
1957년	다운즈(Anthony Downs) 교수가 경제적 아이디어를 '투표행위'에 적용하여, 정당들이 중앙에 수렴한다는 블랙(D. Black)의 견해를 재차 확인함. 또한 다운즈는 이익집단 연합들의 힘과 연합 결성 시 그들이 얻는 보상을 강조하고, 왜 투표자들이 정치적 이슈에 대해 '합리적으로 무지한'(rationally ignorant)지를 설명함.
1962년	뷰캐넌(James M. Buchanan)과 털럭(Gordon Tullock) 교수가 공공선택 연구의 불후의 명저인 《합의의 분석》을 출간함. 여기서 두 교수는 '사익'(self-interest)이라는 아이디어를 정치학의 분야에 적용함. 또한 두 교수는 '만장일치의 합의'에 도달하는 어려움 때문에 '다수결 규칙'과 같은 다른 투표제도들의 사용이 필요하다고 주장하고, 그러한 다른 투표제도들하에서 다수자들이 소수자들을 어떻게 착취하는지를 설명함. 다수자들에 의한 소수자들의 착취를 방지하기 위하여 뷰캐넌과 털럭 교수는 '만장일치로 합의된 헌법규칙'의 도입을 주장하였다. 뷰캐넌과 털럭은 헌법규칙에 의해 다른 모든 투표제도들을 관리할 수 있다고 생각함. 또한 뷰캐넌과 털럭 교수는 '로그롤링'(logrolling)에 대해서도 연구함. 로그롤링에 의해 이익집단들은 각자가 제안하는 법안들에 대해 상호 협조적으로 찬성투표하며, 그 결과 정부예산의 과잉이 초래된다고 주장함.
1962년	라이커(William H. Riker) 교수는 선거에서 연합들의 중요성에 대해 설명하였고, 또 왜 몇몇 연합들은 다른 연합들에 비해 더 큰 성공을 거두는지에 대해서도 설명함. 이는 '게임이론'을 정치 과정의 분석에 적용한 초기 연구의 한 사례임.
1965년	올슨(Mancur Olson) 교수는 경제학자들의 '합리적 선택이론'을 정치학에 적용함. 그 결과, 비교적 '소규모 이익집단들'은 그들 자신의 이익을 도모하기 위하여 선거에서 커다란 영향력을 행사하지만, 대규모 집단들은 왜 그렇게 하지 못하는지를 보여줌.
1965년	뷰캐넌 교수와 털럭 교수에 의해 '공공선택이론'에 대한 논의를 촉진시키기 위하여 '공공선택소사이어티'(Public Choice Society)가 창립됨. 공공선택소사이어티는 잘 정착되어 발전을 거듭하여 오늘날에 이름. 그 결과 공공선택소사이어티 회장을 역임한 세 명의 교수들〔제임스 뷰캐넌(James Buchanan), 버논 스미스(Vernon Smith), 그리고 엘리너 오스트롬(Elinor Ostrom)〕이 '노벨경제학상'을 수상하기에 이름.

연도	주요 연구자들 및 그들의 업적
1966년	털럭(G. Tullock)에 의해 《공공선택》(*Public Choice*) 저널이 창간됨.
1967년	털럭은 정치적으로 창출된 독점의 엄청난 잠재적 가치 때문에 이익집단들은 이를 획득하기 위하여 맹렬하게 활동한다고 주장함. 그러한 행위는 나중에 크루거(Anne Krueger) 교수에 의해 '지대추구활동'(rent seeking)이라 명명됨.
1971년	니스카넨(William A. Niskanen)은 관료들은 그들의 예산 규모를 극대화한다고 주장하고, 이것이 의사 결정에 미치는 의의와 정부 규모에 미치는 영향에 대해 연구함.
1971~1973년	클라크(Edward H. Clarke, 1971)와 그로브즈(Theodore Groves, 1973)는 사람들은 다른 사람들이 대가(비용)를 지불하는 공적 혜택을 얻기 위하여 부정직하게 투표한다는 아이디어를 연구하면서 '어떻게 투표자들이 그들의 진정한 선호를 나타내는지'를 보여줌. 즉, 투표자들에게 자신의 선택에 수반되는 비용을 소수자들에게 부담시킴으로써 자신들의 진정한 선호를 어떻게 시현하는지를 보여줌. 이후 '수요 현시'(demand revelation) 기구들에 대한 연구들이 많이 진행됨.
1979년	버논 스미스(Vernon L. Smith) 교수가 투표제도들에 대한 실험을 실시하고 만장일치제의 가능성에 관해 연구함. 2002년에 스미스 교수는 그의 '실험경제학'에서의 연구 업적으로 노벨경제학상을 수상함.
1980년대	여러 경제학 논문들에 따르면 양당 정치제도들이 일부 학자들이 생각하는 것보다 대중들의 선호를 반영하는 데 더 낫다고 주장한다. 이는 정치(또는 정치시장)에서 일종의 '보이지 않는 손'(invisible hand)이 작동하기 때문임.
1986년	뷰캐넌(James Buchanan) 교수가 경제적 및 정치적 의사결정 과정의 헌법적 기반에 관한 연구 업적으로 노벨경제학상을 수상함.
1987년	프롤리히(Norman Frohlich), 오펜하이머(Joe A. Oppenheimer), 이에비(Cheryl L. Eavey) 등은 어떤 종류의 헌법이 '일반적 합의'를 달성하는가에 대해 연구함. 이들의 연구 결과에 따르면 연구자들은 '사회적 최소 수준'을 규정하는 헌법에 찬성하며, 다른 한편으로 평균 소득이 최대가 되는 헌법에 찬성투표한다는 것을 보여줌. 이는 롤즈(John Rawls)의 추론과 상반되는 결과임. 롤즈의 추론에 따르면 사람들은 평균 소득의 최대가 아니라 사회적 최소 수준이 높은 경우를 선호한다고 주장함.

연도	주요 연구자들 및 그들의 업적
1990년	피터 반 루젠달(Peter van Roozendaal) 교수는 어떤 구심적인 한 정당이 좌파 또는 우파의 다른 정당들과 연합함으로써 어떻게 '소수당 정부'를 결성하는지를 설명함.
2000년대	정치적 선택에 대한 수학적 모델화와 실험화가 널리 진행되었고, 공공선택 아이디어들(또는 접근법)이 많은 국가들로 전파되고 확산되기에 이름.
2002년	버논 스미스(Vernon L. Smith) 교수가 그의 '실험'에 기반을 둔 연구 업적으로 노벨경제학상을 수상함. 특히 스미스 교수의 업적 중에는 집단적 선택에 대한 실험적 연구도 포함되어 있음.
2007년	캐플란(Bryan Caplan) 교수가 쓴 《합리적 투표자에 대한 미신》(*The Myth of the Rational Voter*)이 미국에서 출간됨. 캐플란 교수는 이를 통해 투표자들이 네 가지 '비합리적 편향성'(irrational biases)을 가진다고 주장함. 즉, 투표자들은 '인위적 일자리 창출 편향성, 반외국 편향성, 비관주의 편향성, 그리고 반시장 편향성' 등을 가지며, 그 결과 이들 편향성은 민주주의 과정에서 중대한 실패('민주주의 실패')를 초래하는 원인이라고 주장함.
2009년	엘리너 오스트롬(Elinor Ostrom) 교수가 '희소자원에 대한 집단적 의사결정'에 대한 연구 업적으로 노벨경제학상을 수상함. 특히 오스트롬 교수는 여러 집단들이 희소자원에 대해 어떻게 집단적 의사결정을 하는가에 대해 심도 있게 연구함.

• 자료: Butler(2012)의 서술을 기초로 해서 역자가 만든 것임.

부록 2

공공선택학의 주요 용어 정리

의제 설정자(Agenda setter)

의회 내 어느 위원회의 의장과 같이 '투표가 이루어지는 순서'를 결정하는 사람을 말한다. 또한 의제 설정자는 가위-바위-보 게임에서 발생하는 '순환 역설'(cycling paradox)을 교묘히 이용할 수 있다.

시카고 학파(Chicago school)

공공선택학의 한 부류로 시카고 대학의 스티글러(George J. Stigler) 교수와 베커(Gary Becker) 교수에 의해 주창되었다. 시카고 학파는 '순수 경제이론'을 정치적 '시장'에 적용하는 데 주안점을 두고 있다.

투표 순환(cycling)

콩도르세(Condorcet)에 의해 주장된 현상으로 '가위-바위-보' 게임에서와 같이 어느 하나가 나머지 모두를 패배시킬 수 있는 분명한 승자가 없는 경우를 말한다. 즉, 가위-바위-보 게임에서 두 개씩 짝을 지어 투표에 부치는 경우 가위가 승리할 수도 있고, 바위가 승리할 수도 있고, 또 보도 승리할 수 있음을 말한다. 이러한 순환을 투표 결과의 비일관성이라고도 한다. 이와 같이 투표 결과가 비(非)일관적인 경우를 '투표 순환'(vote cycling)이라고 한다.

수요시현문제(Demand revelation problem)

대부분의 투표제도들은 제안된 옵션들에 대해 투표자들이 얼마나 강하게 느끼는지를 제대로 나타내지 못하거나, 또는 일부 투표자들이 정직하게 투표하지 않고 전략적으로 투표하는 경우에 발생하는 문제를 말한다. 즉, 투표는 투표자들의 선호를 제대로 나타내지 못한다. 따라서 투표 과정의 결과는 투표자들의 진정한 선호와 믿음을 반영하지 못하게 된다.

무임승차자 문제(Free-rider problem)

사람들이 국방이나 국립공원과 같이 '공공재' 공급에 드는 비용은 전혀 부담하지 않지만, 이들 공공재가 제공하는 혜택들을 누리지 못하게 배제시킬 수 없는 상황을 의미한다. 즉, '무임승차자'란 공공재 공급에 드는 비용은 지불하지 않고 공짜로 혜택만 누리는 사람들을 말한다. 이로 인해 공공재는 사회적으로 과소 공급되거나 또는 전혀 공급되지 않을 수도 있다.

게임 이론(Game theory)

게임의 상황은 '어느 한 개인의 선택이 자신의 결정뿐만 아니라 다른 사람들의 행동(결정)에도 달려 있는 상황'을 지칭하며, 이를 수학적 모델을 이용하여 분석하고 설명하는 것을 말한다.

정부실패(Government failure)

정부의 개입으로 그것이 없을 때에 비해 덜 효율적인 자원배분이 초래되는 경우를 말한다. 즉, 정부 개입이 시장실패를 교정하기보다는 오히려 자원의 효율적 배분을 달성하지 못하는 경우를 말한다.

불가능성 정리(Impossibility theorem)

애로우(Kenneth J. Arrow) 교수가 내린 결론으로서 '투표자들이 두 개 이상의 선택 대안을 가질 때 어떠한 민주적 투표제도도 개인 투표자들의 선호를 진실되게 반영하는• '집합적 선택'(사회적 선택)을 가져다주지 못한다'는 것을 의미한다. 즉, 어떠한 투표제도를 선택하더라도 모든 개인들의 선택을 집계해서 '집합적(사회적) 선택'으로 전환시키는 것은 불가능하다.

로그롤링(Logrolling)

로그롤링은 상호 이익을 위한 '투표 거래'를 의미한다. 두 가지 종류의 로그롤링, 즉 '명시적 로그롤링'과 '암묵적 로그롤링'이 있다. '명시적 로그롤링'은 "당신이 내가 제안하는 법률에 찬성투표하면 나도 당신이 제안하는 법률에 찬성투표할 것이다"와 같이 명시적으로 투표를 거래하는 행위를 말한다. 반면에 '암묵적 로그롤링'은 "투표자들이 하나의 법률안이 아니라 여러 법률안들로 이루어진 하나의 꾸러미에 대해 투표하는 경우"를 말한다. 여러 법률안들의 꾸러미화는 여러 집단들로부터의 지지를 얻고자 하는 데 그 목적이 있으며, 이는 이익집단들의 로비에 의해 로그롤링이 암묵적으로 이루어졌음을 의미한다.

중위투표자 정리(Median voter theorem)

블랙(Duncan Black)이 주장한 가설로 "단순한(예를 들면, '얼마나?'와 같이) 이슈들에 대해 정당들은 그들의 정책 제안을 투표자들 의견의 한가운데(중앙)에 위치시키는 것"을 말한다. 왜냐하면 분포의 중앙에 대부분의 표가 밀집되어 있기 때문이다. 중위투표자 정리가 성립한다면 투표자들은 실질적인 선택을 할 여지가 거의 없어진다. 그러나 최근의 연구는 이러한 효과가 얼마나 강한지에 대해 의문을 제기하고 있다.

• 즉, 각 개인들의 선호의 특성, 선호들 간의 우세의 정도, 그리고 선호의 강도 등을 말한다.

승리 최소 연합(Minimum winning coalition)

'승리를 위한 최소 규모의 연합'. 라이커(William H. Riker) 교수가 제기한 아이디어로 대규모 연합들은 단결하기 어렵기 때문에 이익집단들은 모여서 하나의 연합을 결성하려고 할 것이다. 그 결과 이익집단들은 그들의 공동 목적들을 달성하기에 충분한 크기의 연합을 결성하려 할 것이다. 즉, 이익집단들은 승리하는 데 필요한 최소 규모의 연합을 결성하려 한다. 따라서 '승리 최소 연합'('승리를 위한 최소 규모의 연합')이란 '승리'하기에 충분할 정도로 커야하지만 단결하기에 너무 커서는 안 되는(충분히 작아야 하는) 연합을 말한다.

용의자 딜레마(Prisoners' dilemma)

가상적인 게임 이론의 경우로 두 포로(범죄 용의자)가 직면하는 딜레마 상황을 말한다. 여기에는 다음 세 가지 경우를 고려해 볼 수 있다. 첫째, 두 명의 포로 중 어느 한 포로가 자신은 자백하고 상대방을 해당 범죄에 뒤집어씌우면 자신은 더 가벼운 처벌을 받지만 상대방은 중형의 처벌을 받는다. 둘째, 상대방도 똑같은 전략을 사용하여 자신은 자백하고 그 포로를 범죄에 연루시키면 자신은 가벼운 처벌을 받지만 그 포로는 더 무거운 처벌을 받게 된다. 셋째, 비록 두 포로가 상대방을 믿고 침묵을 지키면 처벌을 피할 수 있다(최선의 결과). 그러나 이러한 경우에 발생하는 최종 결과는 '두 포로가 모두 자백하고 상대방을 범죄에 연루시키는 선택'을 하게 된다. 이것은 두 포로 '모두 침묵'을 지키는 경우에 비해 더 나쁜 선택에 해당된다.

공공재(Public good)

공공재는 많은 개인들이 동시에 누릴 수(즐길 수) 있는 재화이며, 다른 사람들을 그 혜택으로부터 배제하기 어려운 재화를 말한다. 공공재의 대표적 예는 국방과 국립공원이다. 공공재는 무임승차자 문제(free-rider problem) 때문에 과소 공급될 수 있으며, 그 결과 '시장실패'를 초래한다.

합리적 무지(Rational ignorance)

다운즈(Anthony Downs)가 주장한 것으로 '선거에서 어느 한 개인의 투표가 선거 결과를 변화시킬 수 없을 것이기 때문에 투표자들은 정당들과 후보자들, 그리고 이들이 제시하는 정책들에 관해 자세히 알아보는 데 드는 시간과 노력이 가치가 없다고 생각하는 것'을 의미한다. 즉, 투표자들 입장에서는 자신의 한 표가 선거 결과에 거의 영향을 미치지 못하기 때문에 정당들과 후보자들, 그리고 이들이 제시하는 정책들에 관해 모르는 것이 합리적이다.

합리적 극대화 행위(Rational maximizing)

경제학의 중심적인 가정으로 '개인들은 그들 자기만의 만족을 극대화하려 하고, 이 목적에 맞추어 행동하려 한다는 것'을 의미한다. 그러나 이것은 사람들이 탐욕적이고 자기중심적이라는 것을 의미하지는 않는다. 왜냐하면 사람들은 부분적으로 친구나 가족, 또는 이웃 사람들과 같이 다른 사람들의 삶의 향상을 통하여 자기만족이 증대될 수도 있기 때문이다.

지대추구(Rent seeking)

털럭(Gordon Tullock)이 주장한 아이디어로 '어떤 정치적 결정이 특정 집단들에게 막대한 이익이나 보수를 가져다주는 경우 이익집단들은 경쟁적으로 그들('지대')을 획득하기 위한 로비활동에 많은 시간과 자금 그리고 노력을 기울이게 되는 것'을 의미한다.

로체스터 학파(Rochester school)

공공선택학의 한 부류로서 미 로체스터(Rochester) 대학의 라이커(William H. Riker) 교수에 의해 주창되었다. 이 학파는 통계적 분석, 게임 이론, 실험경제학의 기법(연구방법)들을 정치적 의사결정의 연구에 적용(접목)하였다.

전략적 투표(Strategic voting)

선거에서 투표자들이 덜 바람직한 결과를 피하기 위하여 자신들이 진실되게 선호하지 않는 후보자나 옵션(선택안)에 대해 찬성투표하는 현상을 말한다.

시간 바꿔치기(Time shifting) 현상

투표자들이 공적 연금 인상이나 부채에 의한 새로운 도로 건설 등과 같이 현재 자신들이 누리고 있는 혜택들에 대해 찬성투표하는 것을 말한다. 그러나 이들 사업들은 현재 세대들에게는 혜택을 가져다주지만, 그 대가(비용)는 미래의 납세자들(미래 세대)이 부담하게 된다. 즉, 어떤 사업의 혜택은 '현재' 세대가 누리고, 그 비용은 '미래' 세대가 부담하는 것을 말한다.

버지니아 학파(Virginia school)

공공선택학의 한 부류로 조지 메이슨 대학의 뷰캐넌(James M. Buchanan) 교수와 털럭(Gordon Tullock) 교수에 의해 주도되고 있다. 이 학파는 정치이론을 사용하여 현실 세계의 정치제도들을 분석하고, 그에 따라 여러 정치제도들을 제안하였다. 이 학파의 핵심 주제는 소수자들의 착취를 방지하기 위하여 '헌법제도'의 중요성을 강조하고 있다.

투표 동기(Vote motive)

상품시장에서의 '이윤 동기'(profit motive)와 유사한 개념으로 '정치시장에서의 추진력'(정치시장을 움직이는 힘)을 나타내기 위해 사용되는 용어이다. 다시 말하면, 이윤 동기가 상품시장을 움직이는 힘이듯이 '투표 동기'는 정치시장을 움직이는 힘이다. '투표 동기'라는 말은 털럭 교수가 1976년에 발표한 소책자의 제목으로부터 유래되었다(Gordon Tullock, *The Vote Motive*, The Institute of Economic Affairs, 1976).

부록 3

공공선택학의 연구를 위한 주요 추천 도서

1. 입문서

Rowley, Charles K. (2004), "Public Choice from the Perspective of the History of Thought", in *The Encyclopaedia of Public Choice*, Vol. 1.

Rowley, Charles K. and Friedrich Schneider (2008), *Readings in Public Choice and Constitutional Political Economy*.

Mueller, Dennis, "Public Choice: An Introduction".

Tullock, Gordon (1976, 2006), *The Vote Motive*.

Tullock, Gordon, Arthur Seldon and Gordon Brady (2002), *Government Failure: A Primer in Public Choice*.

2. 개관서

Maclean, Iain (1987), *Public Choice: An Introduction*.

Mueller, Dennis C. (2003), *Public Choice III*.

3. 비평서

Glazer, Amihai and Lawrence Rothenberg (2005), *Why Government Succeeds and Why It Fails*.

Hindmoor, Andrew (2006), *Rational Choice*.

4. 고전 교재

Arrow, Kenneth (1951, 1963), *Social Choice and Individual Values*.

Black, Duncan (1958), *The Theory of Committees and Elections*.

Buchanan, James M. and Gordon Tullock (1962), *The Calculus of Consent*.

Buchanan, James M. (1975), *The Limits of Liberty*.

Caplan, Bryan (2007), *The Myth of the Rational Voter*.

Downs, Anthony (1957), *An Economic Theory of Democracy*.

Niskanen, William A. (1971), *Bureaucracy and Representative Government*.

Niskanen, William A. (1973), *Bureaucracy: Servant or Master?*
Olson, Mancur (1965), *The Logic of Collective Action.*
Olson, Mancur (1984), *The Rise and Decline of Nations.*
Riker, William H. (1962), *The Theory of Political Coalitions.*

역자 후기

과연 우리가 투표하는 게 합리적이며 이치에 맞는가?

본서의 저자인 버틀러Eamonn Butler 박사는 한국인 독자들을 위한 서문에서 '정치인들과 관료들이 왜 나빠지는가?'에 대해 간단히 언급하였다. 이에 대응하여 본서의 역자는 '우리는 왜 투표하는가?'에 대해 간단히 언급하고자 한다.

민주주의는 중요하다. 이를 실천하기 위한 하나의 과정으로서 투표는 매우 중요한 위치를 차지하고 있다. 그러나 경제학자들에게 투표행위는 하나의 미스터리가 아닐 수 없다. 투표는 강제적이지도 않은데 왜 사람들은 투표에 참가하는가? 일부 사람들은 열심히 투표에 참가하지만 다른 사람들은 아예 투표에 무관심하다. 왜 사람들은 강제적이지 않은 투표에 참가하는가? 투표행위와 관련된 '비용과 편익'을 비교해서 비용이 크기 때문에 투표에 참가하지 않는가? 아니면 투표가 국민의 권리이고 의무이기 때문에 투표에 참가하는가?

투표행위에 대한 초기의 연구들은 '합리적이며 효용극대화를 추구하는 경제인Homo economicus의 동기'에 초점을 맞추고 있다. 즉, 투표행위는 사람들이 선거 공약을 지킨 정부나 정당을 지지함으로써 이들 정부나 정당이 집권함으로써 자신들에게 유형 · 무형의 여러 혜택들을 가져다 줄 수 있을 것으로 기대하면서 투표에 참가한다고 여겨졌다. 그러나 투표행위가 이와 같이 사람들에게 혜택들만 가져다주는가? 먼저, 투표행위가 가져다주는 이러한 혜택들은 각 유권자가 행사하는 한 표가 과연 투표 결과에 얼마나 큰 영향을 미칠 것인가와 비교해보아야 한다. 어느 한 개인이 던지는 한 표가 선거 결과를 결정하는 데 중추적인 역할을 할 가능성(확률)은 실제로 아주 미미하거나 거의 0에 가까울 것이다.

가장 근소한 차이를 기록한 미국 대통령 선거의 경우에서도 한 표에 의해 최종 결과가 결정되지는 않는다. 오히려 투표자들(유권자들)이 선거 당일 날 투표소에 가는 길에 벼락을 맞을 가능성이 더 높을 것이다. 예를 들면, 미국의 2000년 대통령 선거에서와 같이 초박빙을 기록한 선거에서도 각주의 법원들이 최종 결과를 결정한 적이 있다. 또한 최다득표제(즉, First-Past-The-Post 투표제)를 채택하고 있는 영국의 의회제도에서도 한 표가 최종 선거 결과를 결정하지 못하고, 단지 단일 의석으로 구성된 영국의회 내에서 과반수majority를 결정하는 데 기여할 뿐이다. 그러나 영국의 경우 비록 한 표가 의회 내에서 과반수를 결정하는 데에는 기여할 지라도 정당들이 선거 이전에 약속한 여러 공약들을 이행할 수 있는 '안정적인' 내각을 구성하는 데에는 충분하지 못할 것이다.

이와 같이 추론해 볼 때 투표행위에 드는 비용들(즉, 투표비용)은 그것이 아무리 작을지라도 항상 '투표 참가로부터 얻는 혜택들'을 초과하는 경향이 있다. 투표 행위에 드는 비용들로 투표소까지 가는 데 걸리는 시간과 투표하는 데 드는 번거로움, 투표 등록에 드는 시간과 귀찮음, 심지어 후보자들을 선택하는 데 드는 시간과 어려움 등이 있다. 이러한 투표행위에 드는 비용들 때문에 '합리적인'rational 사람들은 투표하지 않고 그냥 집에서 쉬거나, 다른 사람들의 투표 수고에 무임승차하려 할 것이다. 개인들의 입장에서는 투표에 드는 여러 비용들을 고려할 때 투표하러 가지 않거나, 다른 사람들의 수고에 편승하려는 것은 지극히 '합리적'이라고 할 수 있다.

그러나 모든 사람들이 이와 같이 생각한다면 결과는 어떻게 될까? 아마 투표제도 자체가 불필요할 것이고, 또 아무도 투표장에 가지 않을 것이다. 그러나 만약 다른 모든 사람들이 투표하러 가지 않으려 한다면 어떤 개인의 한 표가 선거 결과에 큰 영향을 미치기 때문에 이때 투표하러 가는 것은 이치에 맞을 것이다. 다른 사람들도 이와 동일한 추론을 한다면(즉, '사람들이 투표에 드는 비용 때문에 투표장에 가지 않으려 하며, 그 결과 나만 투표에 참가한다면 내 한 표가 선거 결과에 결정적이다'라고 생각한다면) 그들도 투표하러 갈 것이다. 따라서 사람들은 '전략적인 이유'로 투표하러 갈지도 모른다. 즉, 모든 사람들이 투표비용 때문에 투표하러 가지 않을 것이라고 생각하고, 어느 한 개인은 나 혼자만 투표한다면 내 한 표가 선거 결과에 결정적인 영향을 미칠 것이라고 생각하면서 투표하러 갈 것이다.

또 다른 투표이론들에 따르면 사람들은 '민주주의를 수호하기' 위하여 투표하러 간다고 주장한다. 그러나 어느 한 개인의 한 표가 민주주의를 수호한다고 말하기에는 다소 과장된 표현인 것 같다. 역으로 말하면, 어떤 한 사람이 투표하지 않고 집에 머무른다고 해서 민주주의의 붕괴에 결정적인 역할을 할 것 같지는 않을 것이다.

좀 더 최근의 투표 이론가들의 주장에 따르면 투표행위는 '시민의 의무 이행'이라는 '심리적 혜택들' 또는 심지어 '행복감'을 가져다준다고 주장한다. 그러나 "사람들이 어떤 일을 좋아한다고 해서 그 일을 한다"라는 주장은 그리 설득력 있는 주장은 아닐 것이다. 일부 학자들은 투표자들은 '자신들의 한 표가 선거 결과에 미치는' 확률을 계산하는 데 매우 서툴다고 주장한다. 다른 학자들은 투표 참가라는 '집단 회원제'가 가져다주는 사회적 편익과 관련하여 복잡한 이론들을 제시하기도 한다.

선진국들의 성숙된 민주주의를 통해 우리는 사람들의 투표 참가에 대한 좀 더 단순한 설명을 찾을 수 있다. 즉, 투표행위에 드는 비용들이 실제로는 아주 작기 때문에 투표 참가가 합리적인지 아닌지에 대해 고민해 하는 것보다 "그저 투표장에 가서 투표하는 것이 더 낫다!"라는 점이다. 마음대로 쓸 수 있는 잔돈 몇 푼을 가지고 깊이 고민하는 것처럼 투표 참가가 합리적인지 아닌지를 고민하는 것은 쓸데없는 일일지도 모른다. 민주주의 및 투표와 같이 인간 사회에 중차대한 것이 사람들의 '생각의 부족'으로 후퇴된다면 이는 실로 우스운 일이 아닐 수 없을 것이다. 왜냐하면 투표 참가는 '비합리적'일지 모르지만 '매우 가치 있는' 일이기 때문이다. 따라서 우리는 다가오는 12월 19일 대통령 선거일에 투표장에 가는 것이 비록 비합리적일지 몰라도 매우 가치 있는 일임을 깨닫고 실천하는 것이 바람직할 것이다.

마지막으로 어려운 사정에도 불구하고 본 번역서를 출판해준 북코리아 이찬규 사장님과 편집진들께도 무한한 감사를 드린다.

2012년 11월 28일

역자를 대표해서 이성규 씀

저자: 이몬 버틀러(Eamonn Butler)

현재 영국의 권위 있는 정책 싱크탱크(think tank)인 '애덤스미스연구소'(Adam Smith Institute)의 소장으로 일하고 있다. 버틀러 소장은 경제학, 철학, 심리학 등의 학위를 가지고 있고, 1978년 세인트 앤드류 대학교(University of St. Andrews)에서 경제학 박사를 취득하였다. 1970년대에는 미 하원(House of Representative)에서 일했고, 미시간에 있는 힐스데일 칼리지(Hillsdale College)에서 철학을 가르쳤다. 그 후, 영국으로 돌아와 애덤스미스연구소를 설립하는 데 기여하였다.

버틀러 소장은 선구적인 경제학자들인 밀턴 프리드먼(Milton Friedman), 하이에크(F. A. Hayek), 미제스(Ludwig von Mises) 등에 대한 책들을 저술하였고, '오스트리아 학파'에 대한 입문서를 집필하였다. 또한 버틀러 소장은 영국의 '경제문제연구소'(Institute of Economic Affairs; IEA)에서 아담 스미스와 미제스에 대한 입문서들을 저술하기도 했다. 또한 《40세기 동안의 임금 및 가격 통제의 역사》라는 책〔로버트 슈팅어(Robert L. Schuettinger)와 공저함〕도 저술하였다. 최근에는 《시장에 대한 최고의 지침서》〔(The Best Book on Market; 이 책은 우리나라에서 《시장경제의 법칙》으로 번역 출간됨(시아출판사, 2009)〕, 《부패한 나라 영국》(The Rotten State of Britain), 《대안적 매니페스토》(The Alternative Manifesto) 등이라는 인기 있는 책들을 저술하여 언론과 일반 대중으로부터 큰 주목을 받은 적이 있다. 버틀러 소장은 현재 영국의 주요 언론에 많은 글들을 기고하며 활발한 활동을 하고 있다. 특히 2011년 전경련 초청으로 한국을 방문한 적이 있다.

역자: 이성규

영국 사우스햄튼대학교에서 박사학위(재정학 및 공공선택학 전공)를 받았다. 국회예산정책처 경제분석관을 지냈으며, 한국외국어대학교, 서울여자대학교, 성신여자대학교, 명지대학교에서 강의했다. 현재 국립안동대학교 무역학과 교수로 재직 중이며, 한국제도・경제학회 편집위원장, 한국공공선택'학'연구소 소장직을 맡고 있다.

주요 저서로, 《Essays on Voting, Tax Policy and Campaigning》, 《합리적 투표자에 대한 미신》(공역), 《공공선택의 이론과 응용》(공저), 《공공경제학》(공역), 《무역정책의 정치경제학》, 《공공선택》(공저) 등이 있다.

역자: 김행범

서울대학교 대학원 박사학위(행정학 및 공공선택론 전공)를 받았으며, George Mason 대학교 공공선택연구소 방문 교수를 지냈다. 현재 부산대학교 행정학과 교수로 재직 중이며, 미 Public Choice Society 및 APSA 회원, 한국제도・경제학회 총무이사를 맡고 있다.

주요 저서로 《테마행정학》, 《사적 욕망과 공공 수단》(공역), 《합리적 투표자에 대한 미신》(공역)이 있으며, 지대추구 및 로그롤링 등에 관한 다수의 논문이 있다.